车载通信与动态导航系统

Vehicular Communication and Dynamic Navigation System

祁 晖　底晓强　杨华民　蒋振刚　王 佳 著

国防工业出版社

·北京·

图书在版编目(CIP)数据

车载通信与动态导航系统/祁晖等著. —北京：
国防工业出版社,2017. 12
ISBN 978 - 7 - 118 - 11538 - 3

Ⅰ. ①车…　Ⅱ. ①祁…　Ⅲ. ①车辆—通信设备
②车辆—导航系统　Ⅳ. ①U491

中国版本图书馆 CIP 数据核字(2018)第 016212 号

※

国防工业出版社 出版发行

(北京市海淀区紫竹院南路 23 号　邮政编码 100048)
三河市众誉天成印务有限公司
新华书店经售

*

开本 710×1000　1/16　印张 9¼　字数 170 千字
2017 年 12 月第 1 版第 1 次印刷　印数 1—2000 册　定价 60. 00 元

(本书如有印装错误,我社负责调换)

国防书店:(010)88540777　　发行邮购:(010)88540776
发行传真:(010)88540755　　发行业务:(010)88540717

前　言

移动互联网的发展使得车载导航系统从静态自主式转向动态协作式。原有封闭独立的体系结构被打破,取而代之的是一种更加开放的体系结构。同时,大量便携式智能终端设备的涌现使得导航系统不仅能运行在车载终端上,也能运行在智能手机、平板电脑等支持互联网接入的智能终端上。导航系统正逐渐演变成一种用户可以随时随地使用的服务。这些变化将给导航系统带来更多的技术挑战,从系统架构设计到一些关键技术实现以及应用模式,都需要做出适当调整以解决新的问题。

本书首先分析了动态车载导航系统的核心需求:地图显示、导航和路线规划,然后运用 Event - B 形式化建模方法对系统进行建模分析。在模型精化过程中,论述了相关数据结构及流程的建模方法。模型经过 4 次精化,实现了所有的核心需求。将每个精化模型导入 Rodin 平台,所生成的证明义务全部证明成功,表明该模型在理论上是正确的。之后以模型为参考,设计了导航系统的软件架构,从逻辑视图和过程视图两个角度对系统进行非形式化描述,系统开发人员可在该架构的基础上设计并开发出正确的系统。第 3 章到第 6 章,我们重点研究了动态车载导航系统的访问控制技术、地图缓存技术、地图匹配技术和智能信息处理技术。

在访问控制技术方面,本书介绍了动态车载导航系统可能面临的网络安全风险,可以采取的网络安全措施。重点阐述了目前在网络及分布式系统中广泛应用的访问控制模型:基于角色的访问控制模型(Role - Based Access Control, RBAC)和基于属性的访问控制模型(Attribute - Based Access Control, ABAC)。分析了这两种模型在遇到动态、复杂的访问控制需求时可能产生的问题。提出了适合动态车载网络的基于角色和属性的访问控制模型,并实现了相应的访问控制系统。为了提高系统的访问控制决策性能,我们设计了一种基于级联布隆过滤器的分布式访问控制缓存策略,对其性能做了简要分析。

在地图缓存技术方面,本书为动态车载导航系统设计并实现了一种基于二级地图分块的缓存系统。该系统包含索引文件、数据文件及相关程序。详细设计了缓存系统的索引文件结构、数据文件结构以及专门针对稀疏矩阵的高速缓存结构,并在这些数据结构的基础上形成了管理缓存的有效策略。通过实验验证了该缓存系统对于加快动态车载导航系统的响应速度,减少网络传输数据量具有良好作用。本书还研究了缓存预取策略,该策略通过分析车辆行驶前方的路网和路口模式来预测车辆的行驶轨迹,将此预测结果与启发式预取策略的预测结果相结合,从而得到更准确的预测结果。实验表明,该缓存预取策略进一步改善了启发式预取策略的性能,有效减少了系统所需的地图分块数量。

在地图匹配技术方面,本书分析了各种地图匹配算法,确定了影响地图匹配性能的关键是路口匹配,并对路口匹配问题做了深入研究,提出了路口决策域模型。该模型主要参考与路口相连的路段宽度、路段夹角、车载 GPS 精度以及路网数据精度等信息。本书利用此模型对基于隐马尔科夫模型(HMM)的地图匹配算法做了改进。实验表明,改进后的匹配算法能够有效降低路口匹配错误率,提高导航系统导航的稳定性。此外,为了解决延迟匹配问题,本书分析了车辆的转向特征,设计了车辆转向识别方法,并利用该方法改进了基于路口决策域模型的地图匹配算法,缩短了匹配点停止于路口的时间。

在智能信息处理技术方面,本书应用机器学习技术对车辆转向识别方法做了改进。探索了两种建立车辆转向识别模型的学习方法:第一种方法首先应用改进的 K – means 算法对训练数据进行快速聚类,然后应用 SVM 算法建立识别模型,最后应用 F – measure 方法评价模型的识别性能并选择最优的模型;第二种方法应用基于多维高斯分布的异常检测算法建立识别模型,之后应用 F – measure 方法确定模型参数。实验结果表明应用这两种方法构建的车辆转向识别模型均具备较好的泛化能力。基于以上研究成果,本书设计并实现了基于动态导航系统的车辆转向识别学习系统,并将此系统应用于基于路口决策域模型的地图匹配算法,在一定程度上解决了延迟匹配问题。

目　录

第1章　绪论 ··· 1

1.1　研究背景 ··· 1

1.2　国内外研究现状与趋势 ······················ 2

   1.2.1　智能交通系统研究现状与趋势 ······ 2

   1.2.2　车载导航系统研究现状与趋势 ······ 4

1.3　本书内容 ··· 8

1.4　章节安排 ··· 9

   1.4.1　研究路线 ··································· 9

   1.4.2　章节安排 ··································· 10

1.5　本章小结 ··· 11

第2章　动态车载导航系统架构 ··············· 12

2.1　动态车载导航系统基本功能 ··············· 12

2.2　动态车载导航系统基本架构 ··············· 14

2.3　动态车载导航系统建模 ······················ 16

   2.3.1　精化策略 ··································· 16

2.4　初始模型 ··· 16

   2.4.1　上下文(Context) ······················ 16

   2.4.2　客户端事件 ······························ 18

   2.4.3　服务端事件 ······························ 19

   2.4.4　验证 ·· 20

2.5　第1次精化 ·· 21

   2.5.1　Context ···································· 21

   2.5.2　Events ····································· 22

   2.5.3　流程改进 ··································· 23

   2.5.4　验证 ·· 24

2.6　第2次精化 ·· 24

   2.6.1　路网数据传输模型 ···················· 24

　　　2.6.2　地图匹配模型 ·· 25

　　　2.6.3　验证 ·· 26

　2.7　第3次精化 ·· 26

　　　2.7.1　事件 ·· 27

　　　2.7.2　验证 ·· 28

　2.8　第4次精化 ·· 28

　　　2.8.1　上下文 ·· 28

　　　2.8.2　客户端事件 ·· 29

　　　2.8.3　服务端事件 ·· 30

　　　2.8.4　验证 ·· 30

　2.9　基于模型的架构设计 ·· 31

　　　2.9.1　逻辑视图 ·· 31

　　　2.9.2　过程视图 ·· 33

　2.10　本章小结 ·· 34

第3章　访问控制 ·· 36

　3.1　访问控制模型 ·· 37

　　　3.1.1　相关研究 ·· 38

　　　3.1.2　模型框架 ·· 39

　　　3.1.3　形式化定义 ·· 42

　　　3.1.4　模型验证 ·· 45

　3.2　访问控制系统 ·· 48

　　　3.2.1　数据结构 ·· 49

　　　3.2.2　关键算法 ·· 49

　　　3.2.3　系统实现 ·· 51

　3.3　分布式访问控制缓存策略 ······································ 52

　　　3.3.1　相关研究 ·· 53

　　　3.3.2　系统方案 ·· 54

　　　3.3.3　实验与分析 ·· 57

　3.4　本章小节 ·· 60

第4章　地图缓存 ·· 61

　4.1　引言 ·· 61

　4.2　缓存系统总体结构 ·· 62

　4.3　地图分块 ·· 63

4.3.1 地图分块设计 ································· 63

4.3.2 服务器端地图数据的存储策略 ··················· 64

4.3.3 二级地图分块设计 ···························· 64

4.4 客户端缓存 ······································ 65

4.4.1 缓存数据结构 ······························· 65

4.4.2 稀疏矩阵的高速缓存策略 ······················ 67

4.4.3 缓存淘汰策略 ······························· 68

4.4.4 实验结果分析 ······························· 69

4.5 缓存预取策略 ···································· 71

4.5.1 相关研究 ·································· 73

4.5.2 启发式预取策略 ····························· 74

4.5.3 基于路网分析的启发式预取策略 ················· 75

4.5.4 实验结果分析 ······························· 78

4.6 本章小结 ·· 82

第 5 章 地图匹配 ·· 83

5.1 引言 ·· 83

5.2 相关研究 ·· 83

5.3 基于 HMM 的匹配算法 ····························· 85

5.3.1 相关定义 ·································· 85

5.3.2 算法简述 ·································· 87

5.4 基于路口决策域模型的匹配算法 ····················· 89

5.4.1 路口问题 ·································· 89

5.4.2 路口决策域模型 ····························· 91

5.4.3 基于路口决策域模型的匹配算法 ················· 93

5.5 实验结果分析 ···································· 96

5.5.1 实验方法 ·································· 96

5.5.2 实验数据 ·································· 96

5.5.3 参数确定 ·································· 97

5.5.4 结果分析 ·································· 97

5.6 算法改进 ·· 99

5.7 本章小结 ·· 102

第 6 章 车辆转向识别 ··································· 103

6.1 引言 ·· 103

6.2　特征提取 ··· 104
　6.2.1　转向特征分析 ······························· 104
　6.2.2　特征提取与降维 ··························· 105
6.3　基于改进的 K – means 聚类算法的转向识别模型 ········ 107
　6.3.1　K – means 聚类 ····························· 107
　6.3.2　模型建立 ···································· 110
　6.3.3　模型评价及选择 ··························· 110
　6.3.4　改进的 K – means 聚类算法 ·············· 112
　6.3.5　学习系统 ···································· 118
6.4　基于异常检测的转向识别模型 ··············· 121
　6.4.1　数据分析 ···································· 121
　6.4.2　模型建立 ···································· 122
　6.4.3　模型评价及选择 ··························· 124
　6.4.4　学习系统 ···································· 126
6.5　本章小结 ··· 127
第7章　总结与展望 ····································· 128
7.1　总结 ·· 128
7.2　研究展望 ··· 129
参考文献 ·· 130

第1章 绪 论

1.1 研究背景

目前,车载导航系统已经集成了各种功能,并允许连接各种不同设备。最早进入市场的车载导航系统是带有 CD-ROM 设备的,它只具备导航功能,于 1990 年推出。在那之后,存储介质(主要用于存储地图信息)从 CD-ROM 进化到了 DVD-ROM 以及 HDD。当前,大容量存储介质、内存以及先进的 CPU 使得导航系统具备了更多功能,能更快计算出驾驶路线,提供更明确的驾驶指引。随着 CPU 计算能力和图形显示能力的提升,导航系统能够提供更好的地图显示及菜单操作,能在显示器的最佳位置显示车辆的相关信息。因此车载导航系统正逐渐成为车辆信息显示和操作的重要平台。

早期以及现在大量使用的车载导航系统是一种独立工作的系统,可归类为静态自主式导航系统,其特点是将矢量地图、路网结构等数据存储在车载终端的 ROM 中,这些数据的更新周期较长。而且,该系统通常不需要无线网络,不与外界交互信息。因此,这种系统不能及时反映当前路网的拓扑结构以及交通状况,最终导致其无法很好规划行驶线路,不能有效地控制交通流[1,2]。

随着移动互联网的兴起,各种终端设备都有迫切地接入互联网的需求。车载导航系统作为一个车载终端,接入互联网也是必然的趋势。通过接入互联网,车载终端就可以和交通信息中心通信,从而实现一个动态的车载导航系统。在这种系统中,交通信息中心(服务器)负责存储及维护矢量地图与路网结构,所有车载终端(客户端)借助无线通信网络按需下载数据,数据的时效性得到了保证。在进行线路规划时,客户端通过无线网络向服务器发送规划请求,服务器计算线路并将结果送还给客户端。服务器能够将路网结构与实时交通信息相结合,从而使计算的最佳路径更加准确,并能起到控制交通流的作用[3]。

移动互联网的发展推动车载导航系统从静态自主式向动态协作式的方向发展,为动态导航系统的发展带来了机遇,同时也带来了更多的技术挑战。考虑到目前的移动互联网接入技术主要是以 3G/4G 为主,尤其是国内,WiFi 接入点较少,3G/4G 将是未来一段时间内主流接入技术[4]。而这种接入方式一般是按照流量收费,如何节省流量成了导航系统设计时必须考虑的一个问题。另一方面,无线网络受环境以及切换等因素影响,其时延抖动相对有线网络更大,如何保证导航系统的响应速度也成为一个设计难题。这些问题的出现必将影响地图数据、路网数据(导航系统的核心数据)的结构、存储方式以及传输方式。

无论是静态自主式还是动态协作式导航系统,地图匹配都是一个核心问题。对于动态导航系统,地图匹配问题将变得更加关键,因为除了车辆本身之外,信息中心也需要获取车辆的位置信息,因此高性能地图匹配算法依旧是动态导航系统研究的重点。在动态协作式的环境下,由于存在更多参与者,地图匹配的实现方式也可能与以往有所不同。

动态导航系统相比静态导航系统,系统架构发生了很大变化,在新的架构下必然存在新的功能、新的应用模式。正如物联网使得各种设备变得更加智能一样[5],动态导航系统也必将使得车载终端乃至整个驾驶过程都更加智能,因此挖掘新的智能应用也成为了一个研究热点[6-8]。

1.2　国内外研究现状与趋势

车载导航系统是智能交通系统(Intelligent Transport System,ITS)的重要组成部分,智能交通系统的发展直接影响车载导航系统的发展历程。因此,有必要追踪智能交通系统的现状和趋势。

1.2.1　智能交通系统研究现状与趋势

简单来说,智能交通系统是指利用信息、通信、控制、计算机以及其他先进技术共同构建的实时、精确、高效的交通管理系统。由于各个国家情况不同、发展重点不同,因此在智能交通领域的研究历程也不尽相同[9]。

一、美国

20 世纪 70 年代开发的电子路线指引系统(Electronic Route Guidance System,EGRS)是智能交通系统发展的初级阶段。1991 年,美国国会颁布了综合地面运输效率法案(Intermodal Surface Transportation Efficiency Act,ISTEA)。1997年,在 ISTEA 之后又开展了新项目,并制定了 21 世纪运输权益法案(Transportation Equity Act for the 21st Century,TEA - 21)。与 ISTEA 相比,TEA - 21 的项目规模和经济投资都有显著增长,为后来智能交通技术的发展提供了有力保障。

为了改善全国道路运输系统的安全性和效率,联邦和各州交通部门与汽车制造商合作提出了汽车基础设施整合(Vehicle Infrastructure Integration,VII)计划,该计划对部署一个通信系统进行了技术、经济以及政策可行性等方面的评估。VII 计划为车辆之间(通过车载设备)以及车辆和道路之间(通过路边设备)设计了通信链路。该链路由美国联邦通信委员会(Federal Communications Commission,FCC)分配专用于短距通信(Dedicated Short Range Communications,DSRC),FCC 为其在 5. 9 GHz 带宽里分配了 75 MHz 频段。VII 计划实际是在车辆与道路之间建立通信基础设施,它有两个前提:所有车辆必须配备支持 DSRC 的设备以及 GPS;必须建立覆盖全国公路的通信网络[10-12]。

2009 年 12 月 8 日,美国交通运输部(United States Department of Transportation,USDOT)发布了 ITS 战略研究计划,该计划预计从 2010 年到 2014 年。ITS 战略研究计划是要将车辆、路面基础设施和乘客的便携设备进行互联互通,从而实现一个覆盖整个国家的多模式地面交通系统。

二、日本

为了能够采集并传输实时交通信息,日本于 1996 年开始了他们的研究计划,并建造了世界上第一个车辆信息通信系统(Vehicle Information and Communication System,VICS),该系统于 2003 年开始在全国范围内推广。VICS 的技术架构于 20 世纪 90 年代设计,当时叫做车载导航系统 1.0 版。后来,日本开始着手开发智能公路系统,它被称作国家先进 ITS 服务 2.0 版,于 2004 年完成概念设计,并于 3 年后开始试点部署阶段。由于该项目进展迅速,日本政府于 2010 年开始全国范围内的部署。智能公路系统能够为驾驶员提供道路条件的可视化信息、结合音频的交通流量信息、位置信息以及其他一些重要信息。智能公路系统能够提醒驾驶员将要穿过一个事故多发区,而且,通过路边 DSRC 单元,它还能警示在主道上行驶的驾驶员可能出现的并道车辆[13-15]。

由于日本政府大量投入于智能交通系统,使得日本在一些研究方面获得了领先优势,在世界智能交通系统中发挥主导作用。

三、欧盟

为了控制并解决交通问题,20 世纪 80 年代,英国、法国和德国作为欧盟代表开始着手 ITS 研究。1985 年,欧洲研究协调局(EUREKA)成立,该机构致力于促进政府和私人机构合作开展 ITS 方面的研究。接下来,1987 年正式启动了为期 7 年的欧洲高效率和安全交通计划(Programme for a European Traffic of Highest Efficiency and Unprecedented Safety,PROMETHEUS)。1988 年,保障车辆安全的欧洲道路基础设施计划(Dedicated Road Infrastructure for Vehicle Safety in Europe,DRIVE)被欧洲研发框架二期所采纳。1991 年,由于 DRIVE 计划的成功实现,欧盟决定成立欧洲道路运输通讯实用化合作组织(European Road Transport

Telemetric Implementation Coordination Organization，ERTICO），该组织专注于政府与私人企业间的合作研究。1994 年，当 PROMETHEUS 计划进入最后阶段，所有参与成员在协商后一致同意实施一个新的研究计划 PROMOTE。此项计划涉及整个综合运输体系，不只专注于车载系统，同时也适用于公共部门，而不再局限于企业范围。近年来，ERTICO 通过应用车路协同系统（Cooperative Vehicle – Infrastructure Systems，CVIS）、智能道路安全协同系统（Cooperative Systems for Intelligent Road Safety，COOPERS）以及其他无线通信系统来实现车路、车车间的信息交换，借助最新的 ITS 服务来改进交通安全和效率[16－21]。

四、中国

自 20 世纪 90 年代以来，智能交通技术开始受到国内学者的关注和重视，并逐步开展 ITS 方面的理论、技术研究与工程试验。我国政府十分重视和支持智能交通技术的发展和应用，为加快高新技术在传统行业的应用，科技部在"十五""十一五""十二五"期间均实施了相关国家科技攻关计划项目。"十二五"期间，交通领域 863 计划瞄准国家智能交通技术发展的热点问题，对智能车路协同、区域交通协同联动控制等技术进行了部署。国家科技项目的实施推动和提升了我国智能交通行业的总体水平，使得一大批研究成果得以推广实施，取得了令人瞩目的成绩。然而也应该清醒认识到我国 ITS 发展过程中还存在着一些问题，如：智能化交通控制技术基本上依赖进口；智能车载信息综合服务还处于发展初期；应用系统主要以引进国外技术为主；智能车路协同技术刚刚起步等[22]。

综上，智能交通系统已经与无线网络深度融合，无线网络作为智能交通系统的一个重要的基础设施，为智能交通系统实现信息传输、信息共享提供支撑条件。而信息共享的目的是为了提高交通安全和效率。未来，智能交通系统将继续朝着安全、高效、环保的方向前进，当然，随着平台功能的弱化，智能交通系统将不仅仅以车载应用的形式展现，它将逐渐成为一项服务，人们通过任何一个平台、设备都可以使用这种服务[23]。

1.2.2 车载导航系统研究现状与趋势

1.2.2.1 产业发展

最早的车载导航系统是一种惯性导航系统，于 1981 年诞生，当时的导航系统通过一个气体速率陀螺仪和测量轮胎转动的传感器来获取车辆行驶的方向和距离，并在一个 5 英寸的 CRT 显示器上显示车辆位置。1987 年，新的导航系统被开发出来，它可以说是现代导航系统的原型。新的导航系统使用一个地磁传感器来进行航位推算，并能够显示存储在 CD – ROM 里的电子地图。1988 年，车载导航系统具备了地图匹配功能,它能利用地图中的道路几何信息和车辆行驶路径来修正车辆位置。

1990 年,使用 GPS 信号的车载导航系统诞生了。从此,导航系统逐渐成为车辆出厂时的标准配置,并开始在零售市场上出现。地图匹配功能成为了导航系统的三大要素之一。那时的地图匹配主要是基于地磁传感器和轮胎转速传感器的航位推算技术。1991 年,导航系统出现了路线规划功能,这一功能成为了导航系统的又一大要素。1992 年,导航系统具备了带语音提示的路线引导功能,它能通过音频为驾驶员提供路口转向信息,并且能将路口地图放大显示。至此,导航系统的三大要素正式确立,即地图匹配、路线规划和路线指引。在之后几年,除了基本功能增强之外,也逐渐出现一些用于支持安全驾驶的功能。如日本于 20 世纪 90 年代开始的"车辆信息通信系统(VICS)"项目,该项目于 1996 年开始在导航系统中提供信息服务,通过无线接收单元,导航系统能够获取道路交通流量信息,标志着导航系统从一个独立封闭系统转向开放系统。

1997 年,车载导航系统开始使用 DVD - ROM 作为存储介质。2001 年,出现了使用硬盘作为存储介质的导航系统。存储容量的升级,使得导航系统能够存储更多、更详细的地图信息,乃至三维地图信息。

2002 年,车载导航系统开始使用手机通信模块,从而使得导航系统通过移动电话网络(主要是 2G)来获取交通信息成为可能。2003 年,一款使用移动电话网络作为通信媒介的导航系统问世,它不但能够接收交通信息,还能自动发送其所处区域的交通信息,从而使得每辆车都变成了"探测车"。

2004 年,配备闪存的便携式导航系统问世,存储介质全面转向轻便的闪存。2005 年,通过连接便携式音乐播放器,导航系统具备了娱乐功能。此外,它还能和智能手机进行连接。2009 年,开始出现配备蓝光驱动器的车载导航系统,其娱乐功能得到进一步增强。

纵观导航系统的发展历程,其主要是在 20 世纪 90 年代后期逐渐开始引入无线网络,这和 ITS 的发展过程基本吻合。而且,导航系统对网络的利用主要是接收和发送交通信息,电子地图等信息依然还是存储在导航系统的外存设备上。当然,如果路网结构不经常发生变化(国内情况可能与国外有所不同,由于我们还是发展中国家,路网结构容易因为施工或基础设施建设而发生变化),则将地图存储在导航系统上也未尝不可。另一方面,与 ITS 一样,平台功能也在逐渐弱化,即导航系统也正向服务方向转变,用户可以在车载终端、手机或者平板上使用导航系统服务,而不仅仅局限于车载终端。这种转变可能使得原来的地图存储方式不再适用。很难想象用户必须在各个终端设备上都拷贝一份几百兆甚至几个 GB 的电子地图。因此,动态导航系统必然需要一种新的地图存储方式。

1.2.2.2 关键技术研究

车载导航系统的核心关键技术是定位技术,其他关键技术要么是为定位技术服务(如车辆运动状态感知、地图显示/存储/传输、地图匹配等),要么是从定位技术衍生(如路线规划、辅助驾驶等)。定位技术的目标是获取高精度的位置信息(包括经纬度坐标、速度等)。目前,GPS 及其他 GNSS 接收设备已被广泛应用于导航系统以获取车辆的位置信息。但这些设备给出的位置信息是有误差的,有时甚至是不可用的(在城市中,高大的建筑物可能部分阻断卫星信号[24-26])。此外,GPS 信号因周围物体的反射而产生的多路径效应也会降低定位精度[26]。为了提高定位性能,先进的车载导航系统一般都会使用多个信息源来获取车辆位置信息[27]。如文献[28]和[29]提出了一种定位方法,该方法首先使用陀螺仪、里程表等传感器提供的信息进行航位推算,然后利用 GPS 信息修正航位推算估计的行驶轨迹,最后通过比较行驶轨迹与路网中候选路线的相似性来确定车辆位置。文献[30]提出了基于粒子滤波器的定位导航应用框架,此框架包括车辆运动状态动力学模型、通用的非线性定位测量方程和基于粒子滤波器的通用定位算法。将该框架应用于车辆定位时,初始位置可由 GPS 给出,后续的测量数据则从轮速传感器获取,由于轮速传感器能持续输出速度信息,使得导航系统即使在无法接收到高质量 GPS 信号时(如在高楼林立的市区或隧道中)也能获得较准确的位置信息。文献[31]为低成本的车载导航系统设计了一个自适应神经模糊推理系统,该系统将模糊逻辑系统的专家知识建模和神经网络的学习能力结合实现了一个优化模型,高效融合了 GPS 和惯性测量单元的数据,提高了导航系统的定位性能。文献[32]对文献[31]的方法做了改进,利用 GPS 信号对系统的输出又做了一次修正,从而获得了更高的定位精度。文献[33]分析比较了 6 个基于人工智能技术的多传感器融合定位算法,实验结果表明,基于自适应神经模糊推理系统的定位算法能比基于神经网络的算法[34]获得更好的定位性能。

多传感器信息融合已成为提高定位精度的常用手段。目前关于融合方法的研究已逐渐从传统的基于卡尔曼滤波的方法转向基于人工智能的方法[35]。之所以发生这种转变,主要是因为传统方法的一些固有不足和无法克服的困难[36]。如卡尔曼滤波方法要求精确定义每个传感器的随机误差模型。此外,GPS 和惯性导航子系统的一些统计属性(相关时间、方差和协方差等)也需要事先确定。

传感器信息仅是定位技术中用到的一类信息,除了传感器信息外,还有地图信息、车辆运动状态信息等也可用于提高定位性能。以地图信息为例,该类信息可将纯坐标的位置信息转化为驾驶员可以理解的形式,即在地图中显示车辆位置。而且,通常情况下,车辆是行驶在道路上的,数字地图中的路网可用于限制车辆的位置和行驶轨迹,此过程被称为地图匹配(关于地图匹配技术的研究现状及趋势可参阅 5.2 节)。

车载导航系统及其他智能交通应用所使用的数字地图一般包括拓扑信息、测量(坐标)信息及其他属性信息(如道路类型、街道名、道路限速及转向限制等)。文献[37]~[39]等对车载导航系统的数字地图结构做了深入研究。文献[40]研究了先进驾驶辅助系统所使用的数字地图结构,并指出地图属性对提高系统性能的重要作用,而且数字地图应能及时更新以反映路网拓扑及其他地图属性的最新状态。目前,静态自主式导航系统还无法满足文献[40]提出的"地图应能及时更新"这一要求。要实现这个目标,必须使用动态协作式的导航模式,即将导航系统分为客户端(车载终端)和服务端(交通信息中心),数字地图存储在服务端,客户端按需实时从服务端获取地图数据。其实,动态导航系统的地图存储、传输方式在地理信息系统(Geographic Information Systems,GIS)中早已有了广泛应用。产业界和学术界也对此开展了大量研究,一些研究成果可以移植到动态车载导航系统中。

随着互联网的发展,网络连接速度有了很大提高,但相应地,地图数据容量也在不断增大,因此,相比于纯文本数据,传输地图数据依然需要花费较长时间。如何提高地图数据的传输速度依旧是 GIS 必须解决的一个重要问题。GIS 主要的标准研究机构——开放地理空间联盟(Open Geospatial Consortium,OGC)提出了一些标准服务用于提升分布式 GIS 数据的互操作性。Web 地图服务(Web Map Service,WMS)就是其中之一。该服务提供了一种灵活的数据请求方式,用户可以请求任一图层任一区域的地图数据。但该服务也有弊端,即服务端每次处理请求时都需要花费较长时间生成地图数据。为此,OGC 提出了 WMS 扩展服务(分块 WMS)。借助地图分块技术,服务端不再为每个请求额外生成数据,从而有效减少了服务延迟[41]。文献[42]提出了一些设计策略用于改进 Web GIS 服务的性能。这些设计策略涉及服务方式(如异步服务能够增加服务端的吞吐量)、服务粒度(如粗粒度的服务能够缩短服务延迟)以及数据格式(如使用二进制格式能够有效压缩数据,从而提高数据传输性能)。文献[43]也提出了一些优化技术用于改进 Web GIS 应用的总体性能。这些技术包括数据简化、相对坐标、静态地图、多尺度、压缩和按需加载等。文献[44]设计了一个能自动获取地理信息数据的系统。该系统使用贝叶斯网络维护分析任务和数据集(包括空间、非空间和关系信息数据)之间的概率关系。当用户执行分析任务时,系统能自动抓取相关的地理信息数据。此外,该系统通过反馈机制使贝叶斯网络不断学习,实现了概率关系的动态更新。文献[45]提出了一种位置感知的地图数据预取机制,该机制是为欧洲水路联网信息系统设计的。由于此系统的用户通常都是沿着主要河流航行,因此,利用河道信息、船的速度和方向即可预测出用户的航行路线,从而提前加载地图数据。文献[46]研究了集群缓存系统环境下的地理信息数据预取机制。关于地图缓存预取机制的研究现状及趋势可参阅4.5.1节。从上述研究可以看出,对地图传输性能的改进分为两个方向:其一主要涉及数据格式设计、传输模式设计等方面;其二则集中于智能数据获取、预取等方面。

综上,无论是静态自主式车载导航系统,还是动态协作式导航系统,定位问题一直是一个核心问题,该问题内涵丰富,涉及关键技术较多,本书的研究内容也是围绕该问题展开的。此外,人工智能、机器学习等技术也逐渐渗透到定位技术及其他相关技术的研究中,由此可见,智能化将会是动态车载导航系统的一个趋势。

1.3　本书内容

本书首先设计了未来动态车载导航系统的软件架构。采用了先建模、后设计的架构设计路线,对无线网络在系统中的应用方式、核心功能模块划分、重要数据结构以及流程均进行了建模分析。在保证模型正确的前提下再从模型导出软件架构,从而确保了架构设计的正确性。在软件架构设定的框架之下,本书针对动态车载导航系统的特点,着重研究了一些基础且核心的支撑技术。主要包括:访问控制技术、地图缓存技术、地图匹配技术以及其他适用于动态导航系统的智能信息处理技术。

一、访问控制技术

动态车载导航系统借助无线网络传输定位数据、地图数据和导航数据,同时可以通过无线网络接入互联网来访问互联网上的服务。随着导航系统与互联网的深度融合,它也将面临互联网上常见的安全威胁,如截获攻击、篡改攻击、拒绝服务攻击等。因此,在设计导航系统时,需要考虑采用相关的网络安全防护措施。访问控制就是一种重要且常用的安全防护手段,它的目标是使正确的用户在正确的时间、地点访问正确的数据,执行正确的操作。本书讨论了目前常用的访问控制模型,分析了它们存在的问题,并根据动态车载导航系统特点,设计了新的访问控制模型,从而实现细粒度、动态且灵活的访问控制。

二、地图缓存技术

为了适应未来车载导航系统弱平台、强服务的发展趋势,新的车载导航系统将不再存储地图、路网等数据。取而代之的是将这些数据存储于服务端,车载终端通过无线网络按需获取数据。这种模式使得导航系统终端不再需要大容量的存储设备,也使得导航终端不再局限于车载终端,任何具备一定计算能力的终端设备都可以成为导航终端,导航终端从而退化成了服务终端。为了实现这一新模式,本书深入研究了地图、路网数据的存储方式、传输方式和缓存方式(缓存数据结构、索引结构以及缓存策略),实现了高效的数据获取。

三、地图匹配技术

正如前文所述,地图匹配是车载导航系统的一大核心要素。在动态车载导航系统中,地图匹配的作用更加重要,会有更多的功能模块需要地图匹配信息。高性能地图匹配技术因此也成为本书研究的重点。本书对以往的匹配算法作了深入分析,发现匹配算法的性能瓶颈在于路口匹配,因此深入研究了路口匹配问题,设计了相应的模型及算法来解决该问题。在应用新算法的过程中,发现了新算法的延迟匹配现象,该现象尽管不影响匹配准确性,但使用户体验不佳,因此设计了车辆转向识别方法来解决这一问题。

四、智能信息处理技术

由于动态导航系统结合了无线网络技术,其原有的封闭结构被打破,产生了新的开放式的结构。结构的变化必然影响上层应用,新功能、新应用也应运而生。本书提出了一种协作式的 GPS 智能信息处理技术,通过服务端与车载终端的共同参与,实现了更智能、更准确的车辆转向识别。将这一智能技术应用于基于路口决策域模型的地图匹配算法,以解决路口处的延迟匹配问题,收到了较好的应用效果。

1.4 章节安排

1.4.1 研究路线

本书的研究路线如图 1.1 所示,包括:

设计动态导航系统的软件架构。开发整个动态车载导航系统,完成基本服务以及车载终端的应用程序。同步开展各项关键技术的研究工作,包括访问控制技术、地图缓存技术、地图匹配技术和智能信息处理技术。

动态车载导航系统为各个关键技术研究提供支撑条件,主要是作为各个关

```
                              ┌──────────────┐
                              │  访问控制技术  │
                              └──────────────┘

                              ┌──────────────┐
                              │  地图缓存技术  │
      ┌──────────┐            └──────────────┘
      │  总体架构  │
      └──────────┘            ┌──────────────┐
                              │  地图匹配技术  │
                              └──────────────┘

                              ┌──────────────┐
                              │   智能信息    │
                              │   处理技术    │
                              └──────────────┘

   ┌──────────────────┐
   │  设计并实现动态车载  │        支撑
   │     导航系统       │
   └──────────────────┘
```

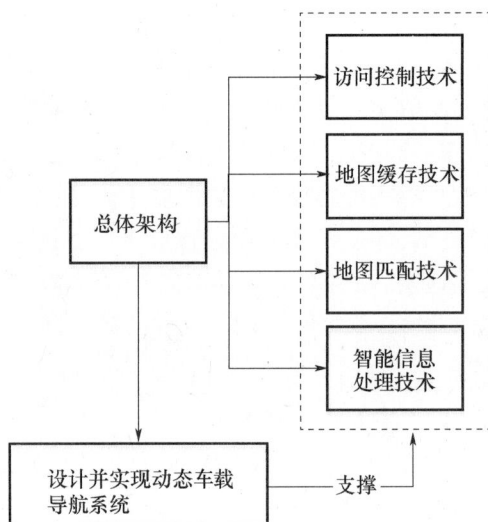

图 1.1 技术路线图

键技术的实验平台。同时,各关键技术的研究也不断完善车载导航系统。

1.4.2 章节安排

第 1 章对研究背景、研究现状、研究内容和研究路线做了总体介绍。后续章节根据研究路线展开论述。

第 2 章分析了动态车载导航系统的需求,根据需求确定了系统建模的精化策略,并对系统进行形式化建模分析。阐述了模型中的一些重要元素以及特定数据结构和流程的建模方法;对模型进行严格的数学证明以保证模型的正确性;在形式化模型的基础上导出软件架构设计,为系统开发人员提供重要参考。

第 3 章分析了动态车载导航系统可能面临的网络安全威胁,论述了访问控制对提高导航系统安全性的重要作用,讨论了两种常用的访问控制模型(RBAC 和 ABAC)以及它们可能存在的问题,在此基础上提出了基于角色和属性的访问控制模型,并设计了相应的访问控制系统。为了加快访问控制决策速度,本章还提出了基于级联布隆过滤器的分布式访问控制缓存策略,并分析了该策略的性能。

第 4 章设计并实现了地图缓存系统。介绍了地图缓存系统的总体结构以及地图分块的设计方案;阐述了缓存的索引结构、稀疏矩阵的高速缓存策略和缓存淘汰策略;通过模拟实验验证了应用缓存系统后的有益效果。本章还研究了缓存预取策略,提出了结合路网分析和启发式预取策略的新的缓存预取策略,并比较了新策略与启发式预取策略的性能。

第 5 章深入分析了各种地图匹配算法,明确了影响实时匹配性能的关键因素是路口匹配性能。本章简要介绍了基于 HMM 的匹配算法,深入研究了路口问题,针对该问题提出了路口决策域模型,并将该模型应用于基于 HMM 的匹配算法。本章通过实际路面测试比较了基于路口决策域模型的匹配算法与单纯的基于 HMM 的匹配算法在路口处的匹配性能。此外,本章分析了车辆转向特征,设计了识别车辆转向的方法,并应用该方法来解决延迟匹配问题。

第 6 章重点研究车辆转向识别问题及其应用。首先设计了一种转向特征提取方法,接着研究了两种构建转向识别模型的方法:其一是应用改进的 K – means 聚类算法对数据进行聚类(此算法改进了 K – means 的初始化过程,能在线性时间复杂度内完成初始化,并有效减少后续的迭代次数),应用 SVM 算法进一步处理聚类结果以生成识别模型,然后应用 F – measure 方法选择最优模型;其二是在详细分析数据分布情况的基础上提出了基于异常检测的识别模型,然后应用 F – measure 方法确定模型参数。最后,本章将研究成果应用于动态车载导航系统,提出了一种能够自动构建这两种车辆转向识别模型的学习系统,并将学习系统应用于基于路口决策域模型的地图匹配算法,通过实际路面测试验证了学习系统有助于改善延迟匹配问题。

第 7 章对全书内容进行总结,指出未来进一步研究的方向。

1.5　本章小结

本章介绍了本书内容的研究背景。分别回顾了智能交通系统和车载导航系统的发展过程,并对它们的未来发展趋势做了简要分析;之后介绍了我们的研究内容和研究路线;最后对本书的章节安排和内容做了概要性的说明。本章最重要的是通过对研究背景和研究现状的分析,总结了未来车载导航系统的发展方向,即弱平台、强服务,导航系统就是导航服务,是一种人们随时随地可以使用的服务,后续的所有研究内容都是围绕这一主题展开。

第2章 动态车载导航系统架构

2.1 动态车载导航系统基本功能

无论使用哪种软件过程模型,需求分析总是过程的第一阶段。需求描述了一个系统必须满足的条件或能力,需求可以来自于用户需要,或者来自合同、标准、规范或其他正式文档中所陈述的内容。它是软件开发过程所有任务的出发点和落脚点,是分析设计的重要依据,同时也是检验分析设计是否正确的重要标准。虽然不同的软件开发方法对需求分析过程的要求不同(如传统软件开发方法要求非常完善的需求文档,而敏捷开发方法则对需求文档的要求不那么严格),但需求分析这一过程是必不可少的,而且必须形成需求文档或者简要的需求描述。

现代软件工程一般推荐采用迭代模型来进行软件开发,即需求分析、架构设计及其他软件工程活动都是一个反复精化和完善的过程。将迭代模型应用于动态车载导航系统的需求分析过程,使人们在首次需求分析时不必面面俱到,而只需重点关注系统的主要需求。

系统需求包括功能需求和非功能需求,其中,功能需求是系统的核心需求,它是系统能够正常运行的前提及基础,而非功能需求决定了系统运行的质量。因此,本章将首先分析系统的功能需求。

从目前市面上普遍使用的车载导航系统出发,可以得出车载导航系统应具有的基本功能:地图显示、导航和路线规划。为了方便后续分析设计,本书将以一种规范的形式描述需求,这种形式源于文献[47]中所使用的需求规格说明,即每个需求除了有文字描述之外,还必须对其进行标记,以方便后续引用。标记由两部分组成:需求类型标识以及一个自然数。每个需求说明的标记都是唯一的,这样就可以根据标记来引用需求,并且能够很容易识别需求的类型。类型标识主要有以下几种:

(1) FUN:用于标识功能需求;

(2) ENV:用于标识环境需求;

(3) SAF:用于标识安全属性;

（4）DEL：用于标识延迟要求。

针对上述 3 项基本功能，可以得到如下需求描述：

系统能在车载终端显示地图，地图显示范围应随着车辆位置改变而改变。	FUN－1
系统能为驾驶员提供导航服务，即在无路线规划情况下能提示驾驶员前方路口信息，在有路线规划时能提示路口处应如何行驶。	FUN－2
驾驶员输入目的地，系统能计算最佳行车路线。	FUN－3

以上 3 项需求均属于功能需求，因此其类型标识都是 FUN。这 3 项功能可以说是几乎所有车载导航系统都必须实现的基本功能需求，本书所设计并实现的动态车载导航系统也不例外。但除了这 3 项基本功能外，由于动态协作式车载导航系统与传统的静态自主式导航系统具有不同的系统结构，因此必然会有其特有的其他需求，这些需求将与系统结构相关。

图 2.1 显示了动态协作式车载导航系统的系统结构。

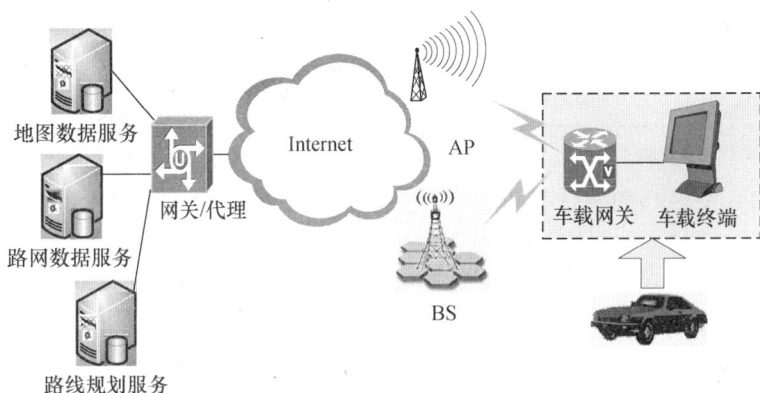

图 2.1　动态协作式车载导航系统结构

在该结构中，车载终端和车载网关均位于车辆上。车载终端运行导航系统的客户端程序，通过车载网关接入 Internet。车载网关负责车内网络与外部网络之间的协议转换，以及接入点选择（当有 Wi－Fi 信号时，接入 Wi－Fi，否则接入 3G 蜂窝网络）。车载网关是动态车载导航系统的一个关键部件，但它和功能需求关系不大，主要是保证导航系统的网络性能，属于非功能需求。

系统结构另一大部分是服务端，主要位于"交通信息中心"。服务端包括服务端网关/代理和各服务节点。服务端网关/代理主要负责外部网络与服务端内部网络之间的协议转换，各服务节点包括：地图数据服务节点、路网数据服务节点以及路线规划服务节点，每个服务节点可能会是单台服务器或者若干服务器组成的集群。

通过以上分析,可以得到如下结论:动态车载导航系统分为客户端子系统(主要运行于车载终端)和服务端子系统(主要运行于各服务节点)。客户端子系统的需求描述如下:

客户端能够向服务端发送车辆位置信息(GPS),并能接收服务端返回的地图数据。	ENV-1
客户端能够向服务端发送车辆位置信息(GPS),并能接收服务端返回的路网数据。	ENV-2
客户端能够向服务端发送车辆位置信息和目的地信息,并能接收服务端返回的路线规划信息。	ENV-3
客户端能够根据车辆位置信息和路网数据进行地图匹配,匹配结果将修正车辆位置信息。	FUN-4
客户端能够根据匹配后的车辆位置信息、路网数据以及路线规划信息进行导航,导航结果为:在无路线规划信息时提示前方路口距离;在有路线规划信息时除了提示前方路口距离外,还得提示路口行驶指示(左转、右转或直行)。	FUN-5

服务端子系统的需求描述如下:

服务端能够接收客户端发来的车辆位置信息,并查询地图数据库,返回地图数据。	ENV-4
服务端能够接收客户端发来的车辆位置信息,并查询路网数据库,返回路网数据。	ENV-5
服务端能够接收客户端发来的车辆位置信息和目的地信息,并查询路网数据库,返回路线规划信息。	ENV-6

以上需求中有一些被标记为 ENV 的,是因为这些需求涉及外部网络或者传感器(如 GPS 等),表明这些功能需要与外部环境交互才能正常工作,这是由动态导航系统的系统结构所决定的,因此它们是动态导航系统特有的需求。

2.2 动态车载导航系统基本架构

在进行更详细的设计以及开发之前,通常会对将要实现的系统进行架构设计,对于大型的分布式系统更是如此。动态车载导航系统是一个大型分布式系统,且是一个软件密集型系统。在这个系统中,物理实体包括车载终端、车载网关、基站、Wi-Fi 接入点以及交通信息中心的服务端网关/代理和各服务节点。如何进行系统的功能模块划分,如何确定各个功能模块将要运行的物理实体以及各功能模块之间如何通信,这些都是系统架构设计将要回答的问题。

最常见的架构设计方法就是使用各种图表从不同角度对系统进行描述,如使用"4+1"视图[48]或其改进版本[49-51]。使用图表的目的在于方便理解和交流,能够形象地刻画出软件系统的结构,各组件间的交互。但是,这种描述系统的方法有一个问题,即可以通过图表想象出系统的外观和内部结构,但却很难验证这样的外观和结构是否正确。为了能够设计出正确的符合需求的软件架构,很多时候凭借的是经验或者说是知识。由此催生了基于知识的方法及其在软件架构设计和评估中的应用[52-54]。这种方法实际是一种知识管理技术,涉及知识创造、知识存储/检索、知识迁移和知识应用等知识活动,这些活动贯穿整个架构设计过程。当在设计过程中遇到问题时,可以检索知识库,从中筛选较好的解决方案,这些解决方案一般都是在以往项目中应用并验证其有效的。在架构设计中应用这种基于知识的方法可以缩短设计时间,节约成本,并在一定程度上保证设计质量。

不少专家学者也提出了架构设计的评估方法[55-59],这些方法主要评估软件的质量属性,即安全性、可伸缩性、简单性、可修改性、可见性、可移植性和可靠性等[60]。实际上这种评估也主要是基于知识的,因为每种架构设计方案都会对软件的质量属性产生一定影响,例如某个设计方案可能对性能有好的影响,而对可移植性有差的影响。这些信息可以形成知识库,并在评估时使用。通过调查所有设计方案对质量属性的综合影响,可以评估架构设计是否符合软件质量需求。

不论是基于知识的架构设计还是架构评估,都有其局限性,即无法精确回答一个架构设计是否正确。架构设计主要根据以往经验或知识来选择合理的设计方案,而架构评估主要针对的是软件质量需求,而非功能需求。此外,当无经验可以参考时(如面对一个全新的问题),则设计和评估都无从着手。为了能够确定一个架构设计正确与否,必须开发程序,然后测试,通过测试结果来验证。这需要花费大量时间和成本。如果在开发测试阶段发现架构设计错误,则修改架构将会花费更大代价。之所以会产生这些问题,主要是因为架构设计时采用的是非形式化方法,无法量化评价,因此无法精确判断架构设计的正确性。

既然问题的根源是非形式化方法,那么相应对策就是使用形式化方法对系统进行建模,然后通过形式化模型导出架构设计,这也正是本书所采用的架构设计方法。本书将基于 Event – B 这一形式化建模方法对车载导航系统建模。

Event – B 最早由 Abrial 教授于 2003 年的两篇论文中提及[61,62],它是基于 B 方法发展而来[63],对 B 方法做了一定简化,但其应用范围却得到了拓展,可以用于复杂系统建模,而不仅仅是软件系统。Event – B 自出现以来便受到了广泛关注,相关研究从未停止,如对其机制、方法的研究[64,65],对其改进的研究[66]以及应用研究,如应用 Event – B 对网络协议建模[67]、应用 Event – B 进行并发编程[68]以及应用 Event – B 开发卫星软件[69]等。由于 Event – B 是一种形式化建模方法,整个模型均是使用严格的数学语言进行描述,因此可以量化分析,并可通过自动化的软件工具进行辅助建模,如 Rodin 平台[70],它可以实现自动的推理规则证明,从而节约开发时间和成本,提高建模效率。本书即采用 Rodin 作为系统建模平台。

2.3   动态车载导航系统建模

本节将应用 Event – B 对动态车载导航系统建模,该过程也是一个反复迭代的过程。从初始模型开始,不断对其精化,直到模型满足我们的要求为止。

为了顺利完成建模,在建模开始前,需要确定精化策略。

2.3.1   精化策略

精化策略是建模前需要思考的建模步骤,或者说是建模路线。建模过程是按步骤向前推进的,每一步都会输出一个模型,后一个模型总是比前一个模型更详细。精化即是模型的细化,精化策略就是要给出每一步建模的目标。

思考精化策略可以从需求出发,对需求排序,然后确定每一步模型需要满足的需求(实际也就确定了每一步建模的目标)。通过这种方式,可以快速形成精化策略。在对系统需求排序之后,可以形成如下精化策略:

(1)初始模型将从一个比较简单的模型开始,只考虑需求 ENV – 1 和 ENV – 4,即描述动态导航系统的地图传输功能。

(2)下一步将引入地图显示功能(需求 FUN – 1)。到这一步,模型描述了导航系统的第一个基本功能——地图显示。

(3)然后,将考虑需求 ENV – 2、FUN – 4 和 ENV – 5,即描述导航系统的路网传输和地图匹配功能。

(4)再下一次精化,将完善客户端地图匹配与地图显示之间的操作流程,为后续实现导航和路线规划做好准备。

(5)最后一次精化,将实现需求 ENV – 3、FUN – 5 和 ENV – 6,从而最终实现 FUN – 2(导航)和 FUN – 3(路线规划)。至此,模型描述了导航系统的三大基本功能。

2.4   初始模型

2.4.1   上下文(Context)

动态车载导航系统的一大特点是其协作性,即整个导航过程由车载终端和服务端共同参与。因此,在车载终端和服务端之间必然要进行数据传输。初始模型就是要对这一数据传输过程建模。我们将从最典型的地图传输开始。

为了更好地描述初始模型,不妨假设车载终端为客户端,它与服务端之间构成了一个 C/S 结构,这个结构中有两个实体:Client 和 Server,它们将被抽象成模型的两个机器(Machine)。Client 与 Server 之间的数据传输可通过图 2.2 表达。

图 2.2　客户端与服务端交互图

从图 2.2 中可以得出以下结论：

(1) 客户端有 3 个事件：获取 GPS，发送 GPS，获取服务端返回的地图数据；

(2) 服务端有 3 个事件：接收客户端的 GPS，根据 GPS 查询地图数据库，向客户端发送地图数据；

(3) 客户端与服务端之间传输的只有两类数据：GPS 和地图数据。

因此，可以定义如下上下文(Context)：

sets:	GPS				
	MAP	constants:	gm	axm0_1:	$gm \in GPS \rightarrow \mathbb{P}(MAP)$

在上述元素中，sets 表示集合。由于在初始模型里，只用到了 GPS 和地图数据，因此可以定义两个集合 GPS 和 MAP。GPS 中的每一个元素表示一个位置点(可以包括经度、纬度、方向和速度)，而 MAP 中的每一个元素表示一个地图分块(在本书中，地图数据是分块存储的，如图 2.3 所示，可以想象用若干条经

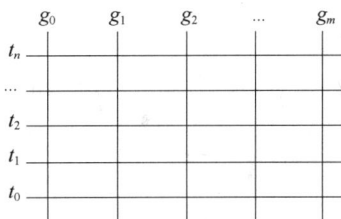

图 2.3　地图分块示意图

线和纬线将地球表面分割成一个一个小块，每个小块就是 MAP 里的一个元素，经过墨卡托投影后，每个小块就是图 2.3 中的一个矩形)。

此外，还定义了元素 constants(常量)和 axioms(公理)。借助常量和公理，定义了一个 function(映射，常量给出了映射的名字，而公理则给出了映射的二元关系)。该映射将用于表达事件——服务端根据 GPS 查询对应的地图数据。如果从软件开发的角度来描述这一事件，可以使用函数或者方法(函数的参数是 GPS，返回值是地图数据)。而在 Event – B 中，使用集合论的映射来抽象表达函数或方法。对于初始模型，定义了 GPS 与 $\mathbb{P}$(MAP)(MAP 的幂集)之间的全映射，它表示对于任意 GPS，都有其对应的若干地图分块。以图 2.3 为例，假设 GPS 落在 t_1, t_2 与 g_1, g_2 所围成的地图分块内，则该 GPS 所对应的地图数据可以

是由 t_0,t_3,g_0,g_3 所围成的 9 个地图分块,这也将是服务端返回给客户端的数据。

2.4.2 客户端事件

上一节分析了客户端和服务端各有 3 个事件,本节将对这些事件逐个建模分析。首先从客户端开始。

客户端的执行流程为①获取 GPS;②发送 GPS;③获取服务端返回的地图数据。这三个步骤是初始模型中的,并不是客户端执行流程的全部。在第 1 步之后客户端还需要使用 GPS 完成其他工作(如地图匹配、导航等)。同样,在第 3 步之后也需要继续使用地图数据(如地图显示)。这些结论可以从需求分析和精化策略分析得出。因此,在客户端,需要定义变量来存储 GPS 和地图数据以备后续流程使用。变量定义如下:

variables:	g	inv0_1:	$g \in GPS$
	$gTrace$	inv0_2:	$gTrace \in \mathbb{N} \nrightarrow GPS$
	$gIdx$	inv0_3:	$gIdx \in \mathbb{N}$
	$mTrace$	inv0_4:	$mTrace \in \mathbb{N} \nrightarrow \mathbb{P}(MAP)$
	$mIdx$	inv0_5:	$mIdx \in \mathbb{N}$

在上述元素中,variables(变量)给出了变量的名字,而 invariants(不变式)给出了变量应满足的条件,即不论变量值如何改变,变量都必须满足的条件。invariants 在变量定义时的作用类似编程语言中的变量类型,但前者对变量的控制能力远比后者更全面(可为变量定义多个不变式)。

为了存储 GPS 和地图数据,定义了两个变量 $gTrace$ 和 $mTrace$,这两个变量实际是动态数组(自然数到集合的部分映射可抽象表示动态数组),这样可以保存 GPS 和地图数据的历史信息,便于后续分析处理。此外,还定义了两个数组索引 $gIdx$ 和 $mIdx$ 以及一个用于临时存储 GPS 的变量 g。

在定义变量之后,必须为其赋初值,即定义初始事件:

```
init
    g :∈ GPS
    gIdx := 0
    gTrace := ∅
    mIdx := 0
    mTrace := ∅
```

其他 3 个事件定义如下:

事件 receiveGPS 负责从 GPS 模块接收数据,并将数据存入动态数组 $gTrace$,事件的 any 部分定义了该事件的参数,其作用类似编程语言中函数的参数。由于该事件需要从外部获得 GPS 数据,因此可以使用 any 引用外部数据。事件的

where 部分定义了该事件执行时必须满足的条件,then 部分则是事件具体执行的操作。在 Event – B 中,事件所执行的操作一般都是改变变量的值,从而改变建模对象(machine)的状态。

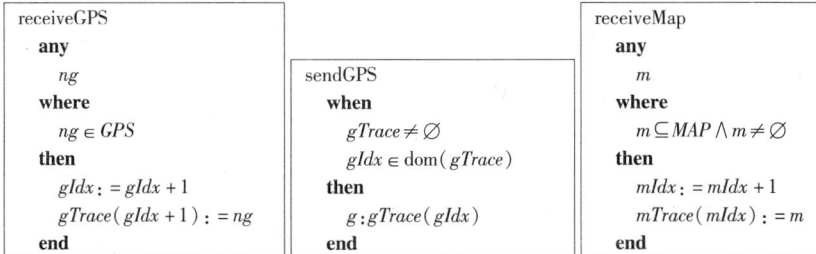

receiveGPS	sendGPS	receiveMap
any		**any**
ng	**when**	m
where	$gTrace \neq \varnothing$	**where**
$ng \in GPS$	$gIdx \in \mathrm{dom}(gTrace)$	$m \subseteq MAP \wedge m \neq \varnothing$
then	**then**	**then**
$gIdx := gIdx + 1$	$g : gTrace(gIdx)$	$mIdx := mIdx + 1$
$gTrace(gIdx+1) := ng$		$mTrace(mIdx) := m$
end	**end**	**end**

事件 sendGPS 负责将 GPS 数据发送到服务端,事件的 when 部分定义了该事件执行时必须满足的条件($gTrace$ 不为空,该条件表明客户端已收到来自 GPS 模块的数据)。事件执行的操作是将动态数组中的最后一个元素发往服务端,因为最后一个元素必定是最新收到的 GPS。

事件 receiveMap 负责将服务端返回的地图数据存入 $mTrace$。由于该事件也需要从外部获得数据,因此在 any 中定义了参数 m。根据上节分析,服务端返回的应是地图分块集合,因此 $m \subseteq MAP$ 且 $m \neq \varnothing$。

2.4.3　服务端事件

服务端的执行流程为①接收客户端发来的 GPS;②根据 GPS 查询地图数据库;③将地图数据发回客户端。服务端的主要任务是查询数据库,而且根据需求,在步骤①和步骤③之后并无其他任务,这两个步骤不过是客户端步骤②和步骤③的逆操作,因此在服务端只考虑步骤②。

服务端所需变量定义如下:

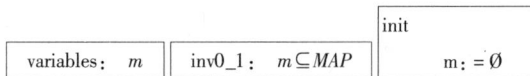

variables: m	inv0_1: $m \subseteq MAP$	init
		m := $\varnothing$

变量 m 用于存储服务端查询的地图数据,由于查询结果由多个地图分块组成,因此,定义不变式 $m \subseteq MAP$。

服务端事件定义如下:

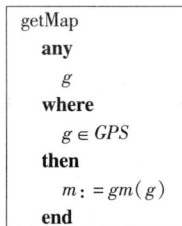

getMap
any
g
where
$g \in GPS$
then
$m := gm(g)$
end

事件 getMap 需要从客户端(外部)获取 GPS 数据 g,然后查询地图数据库,获取 g 所对应的地图数据 m,整个查询数据库的过程由 Context 中的映射 gm 抽象表达。在 Event - B 中,借助映射可以高度抽象一些复杂操作,这种抽象思维在后续精化过程中还将反复出现。

2.4.4　验证

至此,已经完成了初始模型的设计,下一步,需要对模型进行验证。模型验证的主要目标是检验模型在状态转换过程中是否违反相关不变式的限制条件,并指导模型设计者完善模型。模型验证过程如下:

步骤 1:从模型中生成证明义务;

步骤 2:对所有证明义务逐条进行证明;

步骤 3:如果所有证明义务都证明正确,则结束,否则修改模型,执行步骤 1。

从上述步骤中不难看出,模型验证过程类似编程时的 Debug 过程,需要反复对模型进行证明和修改,直到所有证明义务都正确为止。

Event - B 的理论基础是谓词逻辑、集合论以及算术等数学理论,并在这些理论之上建立了一套严格的数学推理规则集,这为模型的自动证明提供了必要条件。目前,借助 Rodin 平台可以实现模型的自动证明。

将上面的模型输入 Rodin 平台,得到 11 条证明义务,并且这些证明义务全部自动证明成功。因此,可以得出结论:该初始模型在理论上是正确的。

模型证明情况如表 2 - 1、表 2 - 2 所列。

表 2 - 1　客户端模型证明统计

Element Name	Total	Auto	Manual	Reviewed
client0	10	10	0	0
INITIALISATION	5	5	0	0
inv1	0	0	0	0
inv2	2	2	0	0
inv3	2	2	0	0
inv4	2	2	0	0
inv5	2	2	0	0
receiveGPS	2	2	0	0
receiveMap	2	2	0	0
sendGPS	1	1	0	0

表 2-2　服务端模型证明统计

Element Name	Total	Auto	Manual	Reviewed
server0	1	1	0	0
INITIALISATION	0	0	0	0
getMap	1	1	0	0
inv1	0	0	0	0

2.5　第 1 次精化

根据精化策略,本次精化将引入地图显示功能。在动态导航系统中,地图显示由客户端负责,因此本轮精化将只针对客户端模型。

首先,得明确地图显示的内涵。地图显示包括两个步骤:根据 GPS 圈定地图数据的范围,然后将地图数据绘制到车载终端的界面上。在这两个步骤中,对于建模来说最重要的应是步骤 1,即根据 GPS 确定要绘制的地图数据。地图数据一旦确定,则就剩下绘图操作了,而绘图操作在编程时通过调用矢量绘图接口即可完成,如果不考虑性能优化,则编程相对简单且标准化,在建模时可以不予考虑。因此,本轮精化主要解决的问题就是确定地图数据。

2.5.1　Context

确定地图数据的一个重要依据是 GPS,这点和初始模型中查询地图数据的过程类似,因此可以参考初始模型中设计的 GPS 到地图数据的全映射方案,也定义一个 GPS 到地图数据的全映射。只不过此时的地图数据范围会比初始模型中传输的地图数据范围更小。因为地图显示需要将地图数据绘制到图片上,地图数据范围越大,则图片越大,消耗的内存越多,绘制的速度越慢,因此考虑到地图显示的性能,地图数据的范围(绘制图片的大小)只需比终端显示界面稍大一些即可。这样,车辆的 GPS 改变时,不用每次重新绘制图片,只需从之前绘制的图片中截取屏幕大小的区域显示即可。而需要重新绘制图片时,也不用重新向服务端请求地图数据,因为传输的地图数据比绘图的地图数据范围大,在之前传输的地图数据上选取绘制区域即可绘图,从而减少传输数据次数,提高地图绘制的速度。

在初始模型中,用经线、纬线对地图数据进行分割,形成一个个小的地图分块。地图数据范围将由分块大小决定。假设地图分块较大,如一个地图分块所绘制的图片就比终端屏幕的范围大,则绘图所用的地图数据范围可以是当前GPS所在地图分块,而传输的地图数据范围则是以 GPS 所在地图分块为中心的9 个分块;假设地图分块较小,则绘图所用的地图数据范围可由 GPS 所在地图分块为中心的 9 个分块组成,而传输的地图数据范围则由 GPS 所在地图分块为中心的 25 个分块或更多地图分块组成。

综上,无论地图分块大小,只要 GPS 确定,则绘制地图所需地图分块就确定了,因此,可以使用 GPS 到 $\mathbb{P}$ (MAP)的全映射来抽象表示地图显示流程的步骤1,即根据 GPS 确定绘图所需的地图数据。模型常量可定义如下:

$$\boxed{\text{constants：} \quad gmd} \quad \boxed{\text{axm1\_1：} \quad gmd \in GPS \rightarrow \mathbb{P}\ (MAP)}$$

2.5.2 Events

本次精化的目标是对地图显示建模,而根据上面分析,地图显示最终落到了根据 GPS 确定地图数据这一步骤上,因此,本节只需关注这个步骤。

上节已经给出 GPS 到地图数据的全映射,并用这个全映射来抽象表示步骤1。但这种抽象表示的仅仅是给定 GPS 时所需的地图数据,并不是实际的地图数据。也就是说,客户端在获取 GPS 时,能够确定绘图的地图数据范围,但未必能成功绘图。成功绘图的前提是地图数据存在,而地图数据是由服务端传给客户端的。如果在绘图时,客户端无任何地图数据,或者客户端存储的地图数据范围和绘图所需的范围不相交,则无法成功绘图。因此,地图显示事件需要判断客户端是否有地图数据,从而执行不同的操作。在 Event – B 中,无法使用类似编程时的 if 语句来进行条件判断。为了实现分支结构,需要定义多个事件,并在事件的 where 或 when 部分定义每个事件的条件,即每个分支的条件。地图显示事件可定义如下:

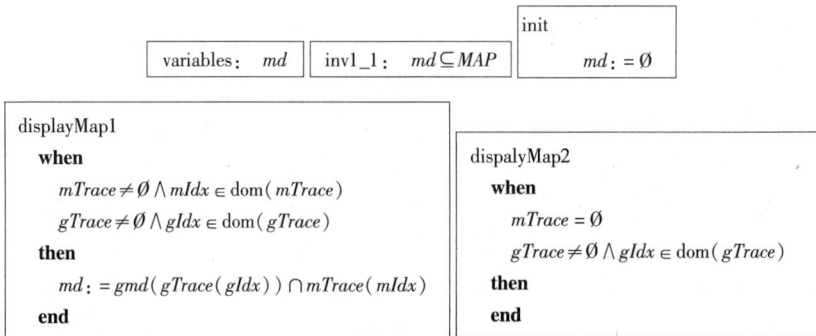

$$\boxed{\begin{array}{l}\text{init} \\ \quad md：= \varnothing\end{array}}$$

$$\boxed{\text{variables：} \quad md} \quad \boxed{\text{inv1\_1：} \quad md \subseteq MAP}$$

```
displayMap1
   when
      mTrace ≠ ∅ ∧ mIdx ∈ dom(mTrace)
      gTrace ≠ ∅ ∧ gIdx ∈ dom(gTrace)
   then
      md：= gmd(gTrace(gIdx)) ∩ mTrace(mIdx)
   end
```

```
dispalyMap2
   when
      mTrace = ∅
      gTrace ≠ ∅ ∧ gIdx ∈ dom(gTrace)
   then
   end
```

以上事件中,我们定义了变量 md ,用于存储绘图用的地图数据。另外,还定义了两个事件 displayMap1 和 displayMap2,这两个事件分别描述客户端有地图数据和无地图数据时的系统行为。当客户端有地图数据时,应对已有地图数据和绘图所需地图数据取交集,并将结果存储于 md 作为实际绘图的地图数据;反之,则系统不做任何操作。

2.5.3　流程改进

事件 displayMap1 和 displayMap2 中均有一个条件 $gTrace \neq \emptyset \wedge gIdx \in \mathrm{dom}(gTrace)$,该条件表示事件必须在客户端获取 GPS 数据之后才能执行。由此引出一个关键问题,即事件 receiveGPS 和地图显示事件之间是有先后顺序的,那么其他事件呢? 它们之间是否也有序,如何对事件流(这里使用事件流这一概念,它表示一个由事件组成的流程,流程的每一步是一个事件)进行抽象。

首先,必须描述模型的事件流。对于本轮的精化模型(精化模型1),共有 5 个事件:3 个继承自初始模型,2 个为新定义的事件。这 5 个事件的执行流程如下:

步骤 1:receiveGPS(从 GPS 模块获得 GPS 数据);

步骤 2:sendGPS/displayMap1/displayMap2(发送 GPS 和显示地图可以并发执行);

步骤 3:执行步骤 1。

在步骤 2,发送 GPS 之后应该还有一个 receiveMap 事件,但这个事件完全属于传输地图数据的过程了,是步骤 2 之后并发执行的一个分支,因此可以不在主流程中体现。

明确了事件之间的先后关系,下一步即可开始对事件流建模。在 Event – B 中可通过定义新的变量来对事件间的同步关系建模[47]。对于事件流的建模,将定义变量 step 来表示步骤。引入变量 step 后的事件定义如下:

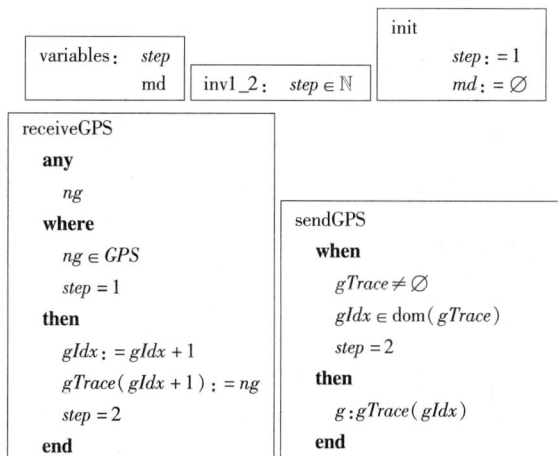

```
variables:  step          init
            md             step := 1
      inv1_2:  step ∈ ℕ    md := ∅

receiveGPS
    any
        ng
    where
        ng ∈ GPS
        step = 1                sendGPS
    then                            when
        gIdx := gIdx + 1                gTrace ≠ ∅
        gTrace(gIdx + 1) := ng          gIdx ∈ dom(gTrace)
        step = 2                        step = 2
    end                             then
                                        g : gTrace(gIdx)
                                    end
```

```
displayMap1
    when
        mTrace ≠ ∅ ∧ mIdx ∈ dom( mTrace )
        gTrace ≠ ∅ ∧ gIdx ∈ dom( gTrace )
        step = 2
    then
        md : = gmd( gTrace( gIdx ) ) ∩ mTrace( mIdx )
        step : = 1
    end
```

```
dispalyMap2
    when
        mTrace = ∅
        gTrace ≠ ∅ ∧ gIdx ∈ dom( gTrace )
        step = 2
    then
        step : = 1
    end
```

观察 displayMap1 和 displayMap2,不难发现,$step = 2$ 即意味着 $gTrace \neq \varnothing \land gIdx \in \mathrm{dom}(gTrace)$,因此,可以进一步简化事件模型,只需引入新的不变式:

$$
\begin{aligned}
&\text{inv1\_3}: \quad step = 2 \Rightarrow gTrace \neq \varnothing \\
&\text{inv1\_4}: \quad step = 2 \Rightarrow gIdx \in \mathrm{dom}(gTrace)
\end{aligned}
$$

则事件 displayMap1 和 displayMap2 可改写为

```
displayMap1
    when
        mTrace ≠ ∅ ∧ mIdx ∈ dom( mTrace )
        step = 2
    then
        md : = gmd( gTrace( gIdx ) ) ∩ mTrace( mIdx )
        step : = 1
    end
```

```
dispalyMap2
    when
        mTrace = ∅
        step = 2
    then
        step : = 1
    end
```

2.5.4　验证

将精化模型 1 输入 Rodin 平台,得到 13 条证明义务,并且这些证明义务全部自动证明成功。因此,可以得出结论:该精化模型 1 在理论上是正确的。

2.6　第 2 次精化

本次精化将对路网数据传输和地图匹配过程建模。路网数据传输过程与地图数据传输过程类似,因此,参考初始模型可以快速写出路网传输模型。模型的 Context 定义如下:

| sets: RN | constants: gn | axm2_1: $gn \in GPS \to \mathbb{P}(RN)$ |

2.6.1　路网数据传输模型

客户端事件定义如下:

variables: $g2$	inv0_1: $g2 \in GPS$	init
	inv0_2: $rnTrace \in \mathbb{N} \nrightarrow \mathbb{P}(RN)$	$g2 :\in GPS$
rnTrace	inv0_3: $gIdx \in \mathbb{N}$	$rnTrace : = \varnothing$
rnIdx		$rnIdx : = 0$

24

```
                                          receiveRN
                                             any
                                                rn
                                             where
                                                rn ⊆ RN ∧ rn ≠ ∅
              sendGPS2                        then
                 when                            rnIdx : = rnIdx + 1
                    step = 2                      rnTrace( rnIdx + 1) : = rn
                 then                         end
                    g2 : = gTrace( gIdx)
                 end
```

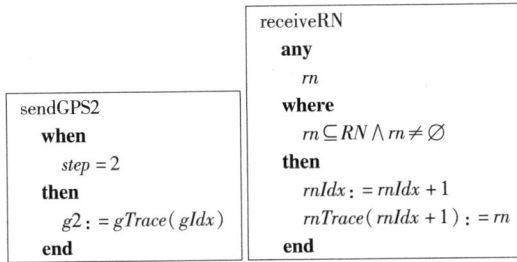

服务端事件定义如下:

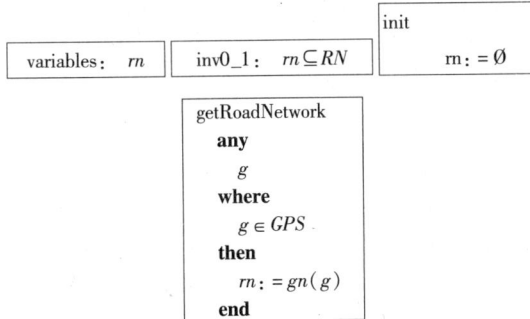

```
                                                        init
              variables： rn    inv0_1： rn ⊆ RN               rn : = ∅

                     getRoadNetwork
                        any
                           g
                        where
                           g ∈ GPS
                        then
                           rn : = gn( g)
                        end
```

服务端最重要的就是查询路网数据,该过程由 GPS 到 $\mathbb{P}(RN)$ 的全映射抽象表示。

2.6.2　地图匹配模型

地图匹配过程实际是一个 GPS 数据的修正过程。正常情况下车辆都在街道上行驶,理论上 GPS 位置应该在道路上,但是由于 GPS 误差,其位置一般不在道路上,匹配的过程就是确定 GPS 位置所在的道路。如果将匹配过程看作一个黑匣子,那么它的输入是原始 GPS 位置,输出则是另一个 GPS 位置,这个位置应在某条道路上。因此,可以将地图匹配过程抽象成一个 GPS 到 GPS 的全映射。

现在打开黑匣子,发现地图匹配过程是一个非常复杂的过程,这个过程被称为地图匹配算法(Map - Matching Algorithm)。一般说来,地图匹配算法需要两个数据:GPS 和路网数据,两者缺一不可。给定 GPS,必须在其一定范围内存在路网数据,则可以进行地图匹配,反之则不行。这一条件与精化模型 1 中地图显示时所要满足的条件类似。因此,可以参考精化模型 1 的模型设计方案,得到如下 Context:

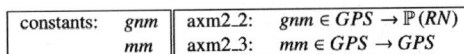

```
              constants： gnm    axm2_2：  gnm ∈ GPS → ℙ(RN)
                          mm     axm2_3：  mm ∈ GPS → GPS
```

常量 gnm 表示给定 GPS 时所需的路网数据范围。该数据范围还得与客户端实际存储的路网数据取交集,以确定是否可以进行地图匹配。地图匹配事件定义如下:

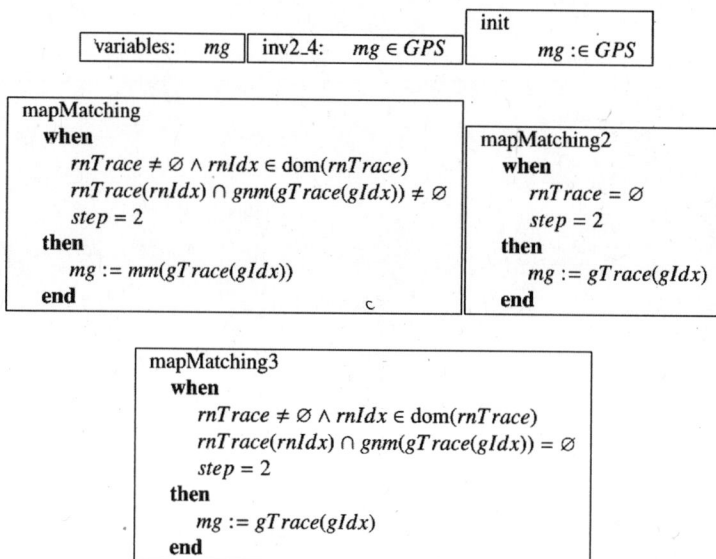

init
$mg :\in GPS$

variables: mg	inv2_4: $mg \in GPS$

```
mapMatching
  when
    rnTrace ≠ ∅ ∧ rnIdx ∈ dom(rnTrace)
    rnTrace(rnIdx) ∩ gnm(gTrace(gIdx)) ≠ ∅
    step = 2
  then
    mg := mm(gTrace(gIdx))
  end                           c
```

```
mapMatching2
  when
    rnTrace = ∅
    step = 2
  then
    mg := gTrace(gIdx)
  end
```

```
mapMatching3
  when
    rnTrace ≠ ∅ ∧ rnIdx ∈ dom(rnTrace)
    rnTrace(rnIdx) ∩ gnm(gTrace(gIdx)) = ∅
    step = 2
  then
    mg := gTrace(gIdx)
  end
```

以上事件中,我们定义了变量 mg 用于存储地图匹配结果。同地图显示一样,需要判断客户端是否存在路网数据,如果不存在,则不做任何匹配操作,直接将原始 GPS 数据赋值给变量 mg,否则,还需判断客户端存储的路网数据与地图匹配所需的路网数据是否有交集,如果没有交集,同样不做任何匹配操作,反之则进行地图匹配。

2.6.3 验证

将精化模型 2 输入 Rodin 平台,得到 13 条证明义务,并且这些证明义务全部自动证明成功。因此,可以得出结论:该精化模型 2 在理论上是正确的。

2.7 第 3 次精化

本轮精化不引入任何需求,而是对客户端事件流进行优化。我们将参考精化模型 1 的流程改进方法。首先得对事件流进行描述。

精化模型 3 包含的事件有:获取 GPS、请求地图数据、请求路网数据、接收地图数据、接收路网数据、地图显示和地图匹配。事件流可描述如下:

步骤 1:获取 GPS。

步骤 2：请求地图数据，请求路网数据，地图匹配（这个 3 个事件可以并发执行，因为数据传输过程比较耗费时间，如果顺序执行这些事件将会严重影响系统性能）。此外，接收地图数据和接收路网数据也属于数据传输分支，后续步骤可不予考虑。

步骤 3：地图显示。

步骤 4：执行步骤 1。

对比以上步骤和精化模型 1 的事件流，本次精化主要是明确了地图匹配和地图显示之间的顺序：先地图匹配，后地图显示。这实际上确定了地图匹配在导航系统中的重要地位，后续精化引入的功能也将在地图匹配之后执行。对于地图显示而言，先执行地图匹配能够在一定程度上起到稳定图像的作用，尤其是在车辆低速行驶的情况下。

2.7.1　事件

本次精化将引入一个新的变量 $step2$ 来对事件流建模，不增加新的事件，只对原有事件上做一些小的改动。事件模型如下：

variables:	$step2$	inv3_1:	$step2 \in \mathbb{N}$	init
				$step2 := 1$

```
mapMatching
  when
    rnTrace ≠ ∅ ∧ rnIdx ∈ dom(rnTrace)
    rnTrace(rnIdx) ∩ gnm(gTrace(gIdx)) ≠ ∅
    step = 2
    step2 = 2
  then
    mg := mm(gTrace(gIdx))
    step2 := 3
  end
```

```
mapMatching2
  when
    rnTrace = ∅
    step = 2
    step2 = 2
  then
    mg = gTrace(gIdx)
    step2 := 3
  end
```

```
receiveGPS
  any
    ng
  where
    ng ∈ GPS
    step = 1
    step2 = 1
  then
    gIdx := gIdx + 1
    gTrace(gIdx + 1) := ng
    step := 2
    step2 := 2
  end
```

27

```
mapMatching3
  when
    rnTrace ≠ ∅ ∧ rnIdx ∈ dom(rnTrace)
    rnTrace(rnIdx) ∩ gnm(gTrace(gIdx)) = ∅
    step = 2
    step2 = 2
  then
    mg := gTrace(gIdx)
    step2 := 3
  end
```

```
displayMap1
  when
    mTrace ≠ ∅ ∧ mIdx ∈ dom(mTrace)
    gTrace ≠ ∅ ∧ gIdx ∈ dom(gTrace)
    step = 2
    step2 = 3
  then
    md := gmd(gTrace(gIdx)) ∩ mTrace(mIdx)
    step := 1
    step2 := 1
  end
```

```
dispalyMap2
  when
    mTrace = ∅
    gTrace ≠ ∅ ∧ gIdx ∈ dom(gTrace)
    step = 2
    step2 = 3
  then
    step := 1
    step2 := 1
  end
```

2.7.2　验证

将精化模型 3 输入 Rodin 平台,得到 7 条证明义务,并且这些证明义务全部自动证明成功。因此,可以得出结论:该精化模型 3 在理论上是正确的。

2.8　第 4 次精化

本次精化将实现导航和路线规划功能,它们是导航系统最重要的两个功能。一个导航系统可以没有地图显示,但不能没有语音导航和路线规划。

这两个功能看似独立,实际上它们之间的联系非常紧密(导航在有路线规划和无路线规划时提示给驾驶员的信息是不同的)。为此,精化模型 4 将同时对这两个功能进行建模。

2.8.1　上下文

首先,需要分析上述功能的输入输出情况,从而得到一些映射关系,为后续事件模型提供必要的建模元素。

对于路线规划功能,其输入为起点和终点的 GPS,输出为从起点到终点的一系列 GPS,因此,可以得出映射关系:$(GPS \times GPS) \nrightarrow \mathbb{P}(GPS)$。

对于导航功能,其输入为 GPS,而输出则稍微复杂些,因为导航分为有规划导航和无规划导航。在有路线规划时,导航的输出为到路口的距离和路口处的转向提示;而在无路线规划时,导航的输出仅仅是到路口的距离。因此,对于无规划导航,可以定义映射 $GPS \to \mathbb{N}$;而对于有规划导航,则映射的左端应是规划信息和 GPS 的笛卡儿积($route \times GPS$,route 为路线规划信息),而映射右端应为转向提示与距离的笛卡儿积($Turn \times \mathbb{N}$,Turn 表示转向提示)。最终,可以得到如下 Context:

constants:	L		
	R		
	N	axm3_1:	$Turn = \{L, R, N\}$
	GOut	axm3_2:	$GOut \in Turn \leftrightarrow \mathbb{N} \wedge GOut \neq \varnothing$
	guide	axm3_3:	$guide \in GPS \to \mathbb{N}$
	route	axm3_4:	$route \in (GPS \times GPS) \nrightarrow \mathbb{P}(GPS)$
sets: Turn	guide2	axm3_5:	$guide2 \in (route \times GPS) \to GOut$

2.8.2　客户端事件

客户端的事件主要有 4 个:guide(无规划导航)、guide2(有规划导航)、sendGPS3(向服务端发送起止点 GPS)以及 receiveRoute(从服务端接收路线规划信息)。事件模型定义如下:

variables:	gss	inv4_1:	$gss \in GPS \times GPS$
	start	inv4_2:	$start \in GPS$
	stop	inv4_3:	$stop \in GPS$
	gwp	inv4_4:	$gwp \in \{0, 1\}$
	r	inv4_5:	$r \in \mathbb{P}(GPS)$

init
$gss :\in GPS \times GPS$
$start :\in GPS$
$stop :\in GPS$
$gwp := 0$
$r := \varnothing$

sendGPS3
　any
　　nstart
　　nstop
　where
　　$nstart \in GPS$
　　$nstop \in GPS$
　then
　　$gss := nstart \mapsto nstop$
　　$start := nstart$
　　$stop := nstop$
　　$gwp := 0$
　end

receiveRoute
　any
　　nr
　where
　　$nr \in \mathbb{P}(GPS)$
　then
　　$r := nr$
　　$gwp := 1$
　end

上述变量中,gss 用于存储发送给服务端的起止点 GPS,r 用于存储服务端返回的路线规划信息,gwp 表示当前是执行有规划导航(1)还是无规划导航(0),该变量在发送起止点 GPS 时被设置为 0,而在接收到路线规划信息后被设置成 1。

对于导航事件(guide 和 guide2),由于它必须在地图匹配事件之后执行(只有确定了车辆所行使的道路,才能进行导航),因此需要定义新的 step 变量对这两个事件的执行顺序进行建模。导航的事件模型定义如下：

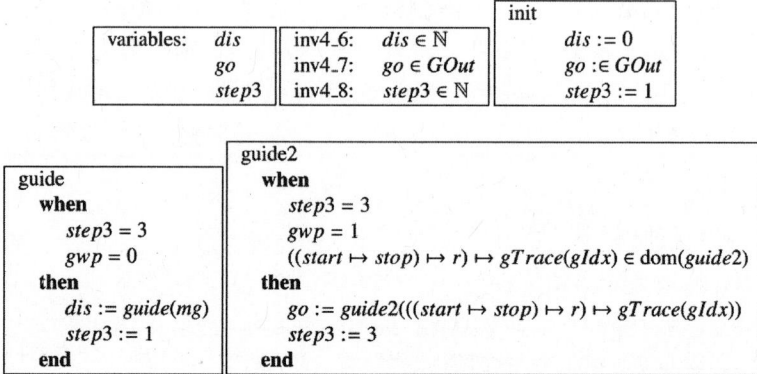

variables:	dis	inv4_6:	$dis \in \mathbb{N}$	init	
	go	inv4_7:	$go \in GOut$		$dis := 0$
	$step3$	inv4_8:	$step3 \in \mathbb{N}$		$go :\in GOut$
					$step3 := 1$

guide
when
 $step3 = 3$
 $gwp = 0$
then
 $dis := guide(mg)$
 $step3 := 1$
end

guide2
when
 $step3 = 3$
 $gwp = 1$
 $((start \mapsto stop) \mapsto r) \mapsto gTrace(gIdx) \in dom(guide2)$
then
 $go := guide2(((start \mapsto stop) \mapsto r) \mapsto gTrace(gIdx))$
 $step3 := 3$
end

模型变量 dis 用于存储无规划导航时车辆当前位置到路口的距离；go 变量用于存储有规划导航时的转向提示和距离信息；$step3$ 变量用于控制地图配与导航事件的执行顺序，该变量的初值为1，在 receiveGPS 事件后变为2，在地图匹配事件后变为3，导航事件后，该变量的值又变为1。此外，该变量为3时，还有一个隐含条件（此条件是保证导航事件成功执行的先决条件）：

inv4_9:	$step3 = 3 \Rightarrow gIdx \in dom(gTrace)$

2.8.3　服务端事件

服务端主要就是根据客户端传来的起止点 GPS，计算最优线路，然后将路线返回客户端。其事件模型定义如下：

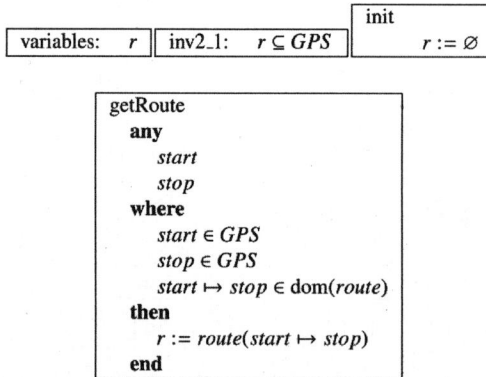

variables:	r	inv2_1:	$r \subseteq GPS$	init	
					$r := \varnothing$

getRoute
any
 $start$
 $stop$
where
 $start \in GPS$
 $stop \in GPS$
 $start \mapsto stop \in dom(route)$
then
 $r := route(start \mapsto stop)$
end

2.8.4　验证

将精化模型4输入 Rodin 平台，得到25条证明义务，并且这些证明义务全部自动证明成功。因此,可以得出结论:该精化模型 4 在理论上是正确的。

2.9 基于模型的架构设计

经过 4 次精化,模型已实现了本章开头分析的所有需求,但这并不意味着该模型就是最终的模型(Event - B 的模型可以精化到代码级),只能说当前的模型已可用于架构设计。

本节将从模型导出架构设计,主要导出两种视图:逻辑视图和过程视图。至于用例图、物理视图和开发视图,则不是本节的重点,因为用例图和物理视图可以直接从需求分析导出,不必从模型导出,而开发视图更注重具体实施。本节的架构设计仍是以描述系统为主,只不过这种描述是一种非形式化描述,更利于开发设计人员理解。

2.9.1 逻辑视图

逻辑视图主要描述的是系统的对象模型。由于动态导航系统分为客户端和服务端,对象模型也将分别针对这两端进行设计。从上面的形式化模型不难看出,客户端模型包含的变量、事件较多,模型相对复杂;而服务端主要是完成数据检索与处理,模型相对简单。

2.9.1.1 客户端

客户端模型包含的对象主要有导航仪、GPS 接收器、地图数据传输模块、路网数据传输模块、地图显示模块、地图匹配模块和导航模块,这些对象之间的关系如图 2.4 所示。

导航仪对象在客户端逻辑视图中占据中枢位置,它负责控制整个导航系统的工作流程,它与 GPS 接收器、导航、地图显示和地图匹配对象之间均有依赖关系,需要调度这些对象实现地图显示、导航和路线规划等功能。

GPS 接收器负责接收来自 GPS 模块的数据,然后由导航仪获取该数据,并将数据分发给需要 GPS 数据的其他对象。

导航对象负责无规划导航,它需要使用路网数据;而有规划导航对象继承自导航对象,在路网数据基础上还需要路线规划数据才能正常工作。导航、有规划导航和路线规划数据传输对象均属于导航模块。

地图显示对象负责将地图数据绘制到客户端(车载终端)界面;而路网显示对象负责将路网数据绘制到客户端界面,该对象主要用于路网测试、地图匹配测试和导航测试。地图显示和路网显示对象均属于地图显示模块。

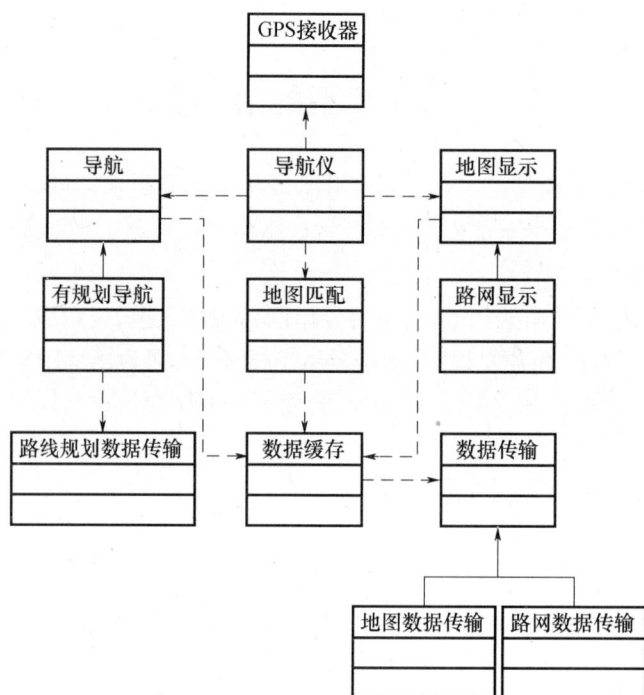

图 2.4　客户端逻辑视图

地图匹配对象实现地图匹配功能,是客户端的核心,客户端的多个模块(导航模块、地图显示模块、地图缓存模块)均需要地图匹配结果才能正常工作或获得较好的性能。

数据缓存对象是客户端的本地数据库,它调用数据传输对象获取地图数据和路网数据,并将其缓存在客户端,以提高其他对象访问这些数据的速度,节约网络流量。该对象将被客户端的多个对象调用,如导航、地图显示、地图匹配等。

2.9.1.2　服务端

服务端模型包含的对象主要有地图数据检索、路网数据检索和路线规划计算。这些对象之间并无依赖或者继承关系,是相互独立的对象。此外,地图数据检索和路网数据检索的过程极其相似,只是操作的数据不同,而服务端实际上并不关心数据格式,因此这两个对象可以合并成一个对象——地图/路网数据检索。这样服务端可以简化成两个对象:地图/路网数据检索负责检索地图或路网数据,它的核心是数据库设计与检索算法;路线规划计算负责计算最佳行驶路线,它的核心是路线规划算法。

2.9.2 过程视图

过程视图主要描述系统的核心流程,包括同步和异步流程。通过该视图,开发设计人员可以清楚了解系统的各个对象是如何协作的,流程中哪些步骤是同步执行的,哪些步骤是异步执行的。

本节设计的过程视图将不关注算法的具体执行步骤(如地图匹配算法、路线规划算法等),这属于算法研究的范畴;关注的是形式化模型中的事件流。由于形式化模型还不是很精细(该模型主要用于架构设计),因此,过程视图所要描述的只是比较粗略的执行流程,但这些流程是系统的主要流程,并且对于开发设计人员理解系统的动态行为非常重要。

通过对形式化模型的分析,动态导航系统主要有两个流程:客户端与服务端数据交互,客户端内部事件流。前一个流程在初始模型分析时已论述过,流程并不复杂,就是数据的接收和发送,应用协议设计主要针对数据格式,而非交互过程,数据传输的可靠性可由底层协议保证(TCP 协议或 HTTP 协议)。因此,过程视图将只描述客户端内部事件流。

在形式化模型中,通过若干个 step 变量来描述事件流,明确了各个事件执行的先后顺序以及它们之间的同步和异步关系。这种形式化的事件流模型可以很容易地转化成如图 2.5 所示的非形式化的活动图。

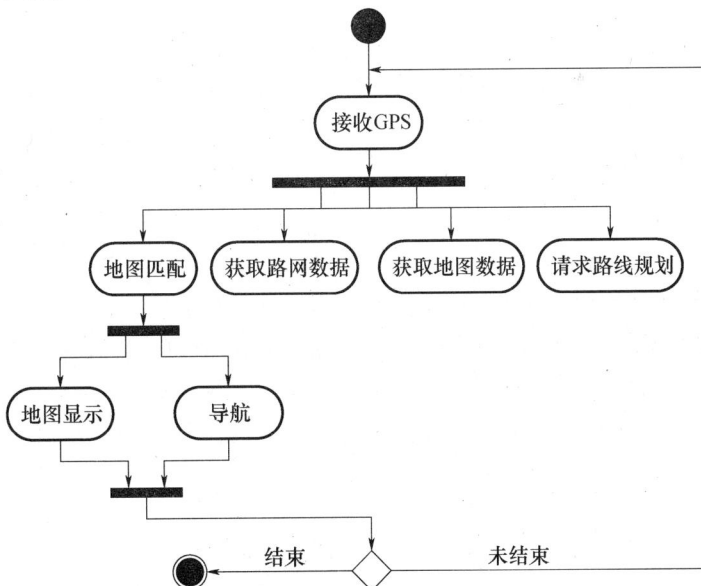

图 2.5 客户端内部事件流 1

在活动图中,客户端首先接收 GPS,即获取车辆当前所在位置。然后并发执行地图匹配、获取路网数据、获取地图数据和请求路线规划等动作,由于后 3 个动作需要网络传输,延迟较高,将 4 个动作并发执行能有效提高系统的运行速度。在地图匹配之后,客户端可以并发执行地图显示和导航动作,之后接着获取 GPS 或者结束运行。地图显示和导航也可以顺序执行,即先执行导航,后执行地图显示,因为这两个动作并无网络传输等长延迟操作,顺序执行可以简化程序设计。

图 2.5 描述了各个动作/事件的执行流程,但并未说明每个动作是由哪个对象发起的,因此没有描述对象之间的协作关系。为了能从对象协作角度描述流程,可以使用图 2.6 所示的顺序图。

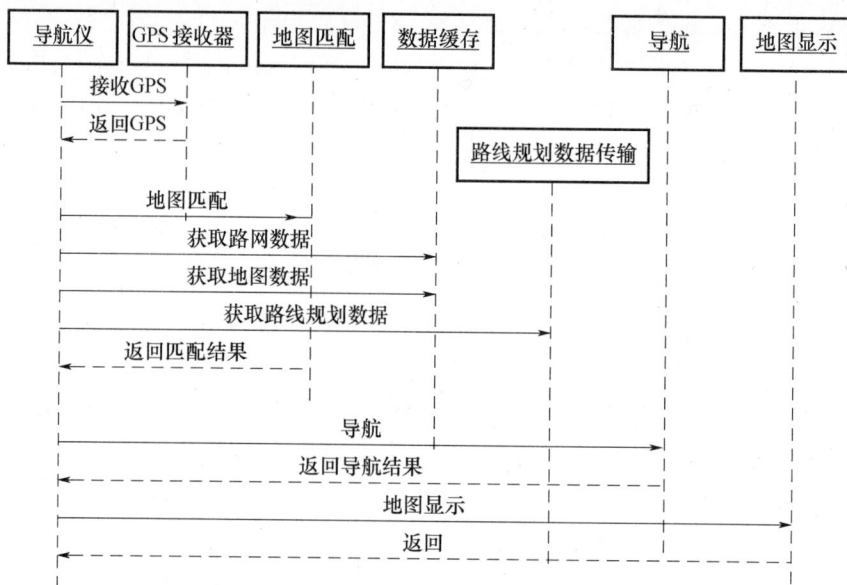

图 2.6　客户端内部事件流 2

顺序图结合了图 2.4 和图 2.5 中的元素,明确了动作与对象的从属关系和对象间的协作关系。从图中可以清晰看出导航仪对象在整个流程中的中枢地位(所有的调用都由它发起)以及地图匹配的核心地位(导航和地图显示都在地图匹配之后)。从开发设计人员的角度来看,图 2.6 已很接近程序流程了,通过进一步分析即可定义出具体接口。

2.10　本章小结

本章分析了动态车载导航系统的系统结构及系统组成,并根据系统结构的特点分析了系统的主要需求。并未在需求分析之后直接开始软件架构设计,而是在需求分析之后、架构设计之前进行系统建模,这看似增加了系统开发的工作量,但由于使用的建模方式是形式化建模,可以借助相关数学理论对模型进行验证,修正模型中的错误,直至最终构建出正确的模型。这实际上是将传统软件开发只能在编码阶段进行的调试工作提前到架构设计之前,使我们能提早发现并修改错误,在一定程度上避免了重大设计缺陷在编码阶段才暴露的问题,因而,这种架构设计方法节约了开发与维护的成本。另一方面,由于形式化模型定义严格,不会产生歧义,因此从模型到架构设计的转换比较直接,甚至可以通过程序自动进行。所以,系统建模并不会增加系统开发的工作量,相反,它迫使设计人员需要更加全面地思考系统结构,从而更顺利地进行后续的设计开发工作。

　　本章所构建的形式化模型并不能取代软件架构设计,只是作为架构设计的一个辅助手段,因为模型太过抽象,不利于交流(必须经过专门训练才能无障碍理解模型),因此,本章最终将模型转换成了架构设计,并从逻辑视图和过程视图两个角度来描述系统。逻辑视图展示了系统中的对象及对象间的关系,开发人员通过逻辑视图即可定义类。过程视图展示了系统流程及对象间的协作关系,开发人员据此可以定义类中的方法及其参数、返回值,并构建流程模板。

第 3 章　访问控制

在动态车载导航系统中,车载终端除了作为移动终端接入互联网之外,也可以作为网关将车上的其他电子设备(各类 ECU(Electronic Control Unit))接入互联网,从而形成一个大的物联网——车联网:车与车、路、行人及互联网之间,进行无线通信和信息交换的大系统网络,是能够实现智能化交通管理、智能动态信息服务和车辆智能化控制的一体化网络。随着这样一个网络的形成和发展,越来越多的车载电子设备(车载终端、ECU)会接入网络,传统的针对个人电脑的攻击方式也将威胁到它们,如窃听攻击、伪造攻击、拒绝服务攻击、中断攻击、重放攻击、截获攻击以及篡改攻击等。目前已出现了针对 2010 款丰田普锐斯和福特翼虎这两款车的攻击,该攻击可导致刹车失灵。可见,确保车载电子设备的信息安全显得非常重要,任何一个漏洞都可能导致严重的后果。

文献[71]分析了车载终端与服务端之间传输信息时可能遭受的攻击及其危害,如表 3 - 1 所列。这些攻击主要针对位置服务和导航服务,使用户无法获得服务或获得错误的服务。当然,这些攻击并不影响行驶安全,危害较小,主要是因为攻击者无法通过车载终端控制车辆。如果 ECU 可通过车载终端接入网络,则攻击者有可能控制车辆,造成严重人身伤害,危害极大。

表 3 - 1　动态车载导航系统可能遭受的攻击及其危害

攻击方式	危害
窃听	令攻击者获取汽车当前位置信息或目的地信息
伪造	令车载导航设备显示错误的导航路径;令车载导航设备因无法解析接收到的数据包而工作缓慢甚至崩溃
拒绝服务	令车载导航设备由于处理大量无用信息而工作缓慢甚至崩溃
中断	令车载导航设备无法收到导航信息;令服务器无法获取汽车当前的位置信息
重放	令车载导航设备由于处理大量无用信息而工作缓慢甚至崩溃
截获	令车载导航设备无法收到导航信息;令服务器无法获取汽车当前位置信息;令攻击者获取汽车当前位置信息或目的地信息
篡改	令车载导航设备显示错误的导航路径;令车载导航设备因无法解析接收到的数据包而工作缓慢甚至崩溃

因此,必须对车载终端及其相连的 ECU,乃至整个动态导航系统进行安全防

护,需要综合运用身份认证、访问控制、密码、数字签名、防火墙等多种安全技术。首先要保证进入系统的每个用户都是合法用户,拒绝非法用户访问。其次,要对合法用户的访问权限进行限制,使其在有限的范围内活动,如限制每个用户只能获取自己的位置,而不能看到他人的位置。本章重点关注的是访问控制,即如何保证合法的用户做合法的事情。为此,我们提出了适合于动态车载导航系统的访问控制模型,并设计了基于该模型的访问控制系统。

3.1　访问控制模型

访问控制模型是访问控制技术的核心,相关系统和策略都将围绕模型展开。自从 20 世纪 60 年代末提出访问矩阵开始,访问控制技术便受到广泛关注并获得了长足的发展,目前已有许多访问控制模型被提出来并得到了实际应用。在众多访问控制模型中,有 3 种模型取得了巨大成功:自主访问控制模型(Discretionary Access Control, DAC)、强制访问控制模型(Mandatory Access Control, MAC)和基于角色的访问控制模型(Role – Based Access Control, RBAC)[72,[73]。DAC 和 MAC 诞生于 20 世纪 70 年代初期,由于当时计算机应用范围有限,用户数、数据量和业务规模都较小,使用这两个模型已完全可以满足应用需求。随着计算机和网络技术的发展,DAC 和 MAC 的弊端便逐渐显现出来,为此出现了RBAC 模型,该模型通过在用户和权限之间引入一个中间层(角色)使得访问控制系统在面对大用户、大数据量和大规模业务时依然能保持其管理的简单性和安全性。信息技术的进一步发展,泛在计算、移动计算、云计算等新型计算模式的出现,互联网、移动互联网、物联网、车联网等网络环境的扩展,使得访问控制需求变得更加复杂。访问控制决策更多地依赖于访问控制请求所处的上下文环境以及主、客体的安全属性。基于属性的访问控制模型(Attribute Based Access Control, ABAC)模型正是在这种环境下诞生的。该模型解决了 RBAC 模型不能很好地支持大量上下文属性的问题(即角色爆炸问题),实现了动态且细粒度的访问控制。但 ABAC 模型的访问控制决策更复杂,访问控制规则的安全性分析也更困难。

不论 RBAC 还是 ABAC,都有相应的优点和缺点,且存在着较强的互补性。因此,不少学者便提出了将 RBAC 和 ABAC 相结合的方案(即 RABAC 模型),以保留 RBAC 的简单性和安全性,以及 ABAC 的灵活性。RABAC 模型是以 RBAC 为基础,使用 RBAC 来管理用户和权限之间的静态关系,并确保这种关系的安全性,而应用 ABAC 来管理用户和权限之间的动态关系,将基于属性的访问控制规则动态地应用于用户 – 角色映射、角色 – 权限映射和用户 – 权限映射。当然,目前 RABAC 模型在访问控制粒度、灵活性及决策性能等方面还存在一些不足。本节对此进行了深入研究,提出了改进的 RABAC 模型,并从理论上对新模型进行了分析验证。

本节首先对访问控制模型研究,尤其是 RABAC 模型研究作了简要介绍,然后分析了 RABAC 模型存在的问题及产生的原因,提出了改进的 RABAC 模型,并给出了其形式化定义,最后从理论上对改进的模型进行了分析验证。

3.1.1 相关研究

文献[74]给出了 RBAC 模型的形式化定义——RBAC96 模型。该模型将用户映射到角色,角色映射到权限,用户通过角色享有一定的权限。RBAC 模型由于在用户和权限之间引入了中间层(角色),使得访问控制管理可以分两部分进行:用户角色映射、角色权限映射,有效简化了访问控制管理。该模型一方面通过定义角色的继承关系进一步简化访问控制管理,另一方面通过引入限制条件实现了管理的安全性。在 RBAC96 模型之后,为了进一步提高访问控制管理的安全性,先后出现了 ARBAC97 模型(Administrative RBAC97)[75]、ARBAC99 模型[76]和 ARBAC02 模型[77]。这些模型的出现使得 RBAC 模型日趋完备,安全性和易用性都有了很大提高。

但 RBAC 模型并不适合于需要对用户－权限映射进行动态控制或细粒度控制的环境。在这种环境下,用户和角色、角色和权限之间的关系频繁变化,而且需要更多的角色来支持不同的访问控制需求,这些使得 RBAC 模型变得十分复杂,难于管理。因此,人们提出了 ABAC 模型,使用基于属性的访问控制规则直接确定用户和权限之间的关系,实现了访问控制的动态性和灵活性。但 ABAC 也有弊端,它不像 RBAC 那样有一套严格的规则来确保用户－权限映射的安全性,在面对大量访问控制规则时,安全性分析变得很困难。

针对 RBAC 和 ABAC 存在的问题,目前有不少学者提出了结合 RBAC 和 ABAC 的新型访问控制模型(RABAC)。文献[78]提出了 3 种将 ABAC 引入 RBAC 的方式:动态角色方案,该方案是用上下文属性来动态决定用户－角色关系,实现了用户－角色的动态分配,但该方案无法解决角色－权限动态分配问题;属性中心方案,该方案将角色作为用户的一个属性对待,本质上依然是 ABAC 模型;角色中心方案,该方案使用 RBAC 来确定用户最大可用的权限范围,然后根据上下文属性在该范围内动态确定权限子集;第 3 个方案是目前较好的 RBAC－ABAC 结合方案,受到普遍认可,但文献[78]并为对此方案做详细描述。

文献[79]为 Web 应用提出了一种细粒度的基于角色和属性的访问控制

模型,并设计了验证模型和自动生成代码的方法。该模型以 RBAC 为基础,使用基于属性的策略来细粒度地控制权限。文献[80]提出了一个统一的 ABAC 模型,并使用该模型来定义 DAC、MAC 和 RBAC 这 3 个经典模型。该文献中给出的一些形式化定义也极有参考价值,在文献[81]和文献[82]中均有应用。文献[81]提出了以角色为中心的基于属性的访问控制模型,该模型的访问控制决策过程分为两个阶段:首先使用 RBAC 来确定用户在当前会话中的所有可用权限,然后使用权限过滤策略从可用权限中提取最终可用权限。过滤策略的条件是环境属性及主、客体属性,过滤策略的检索则依赖客体属性。文献[82]、[83]改进了文献[81]的过滤策略检索过程,提出了更灵活的检索方式。除了支持客体标识检索外,还支持基于客体属性的查询表达式检索。文献[84]提出了一种将基于属性的策略集成到 RBAC 的框架,与文献[81]不同的是,该框架并不是在建立用户所有可用权限之后才应用基于属性的策略,而是将该策略应用到建立可用权限的过程中,如在确定用户 – 角色关系后以及在确定角色 – 权限关系后即可应用基于属性的策略对关系进行过滤。

文献[85]提出了可用于定义访问控制模型的通用框架,在该框架下研究了访问控制模型的两个重要属性:单调性和完备性,并应用这两个属性来评价和设计不同的 ABAC 模型。文献[86]、[87]定性和定量地研究了访问控制模型的表达能力,该特性与文献[85]中的完备性类似。本章在文献[85]的基础上定义了针对 RABAC 模型的属性:访问控制粒度、灵活性和决策性能。

3.1.2 模型框架

本章提出的访问控制模型参考了上述文献中提出的 RBAC – ABAC 结合方案,解决了这些方案中存在的一些问题。本节将给出新模型的框架,包括框架组成和访问控制工作流程。该框架以文献[84]的框架为基础,在一些细节方面做了改进。

3.1.2.1 框架组成

新的访问控制模型框架如图 3.1 所示。该模型分为上下两个部分,上部由 RBAC 模型决定访问控制的静态部分,即用户和权限的对应关系。而下部则由 ABAC 模型决定访问控制模型的动态部分,即通过基于属性的访问控制规则对用户权限关系进行缩减。

在模型的静态部分,我们保留了 RBAC 模型的绝大部分元素,包括用户、角色、权限(权限可细分成操作(OPS)和对象(OBS),即 $Permissions \subseteq OPS \times OBS$,我们可以将对象视为操作的属性,这样 $Permissions = OPS$)、用户 – 角色

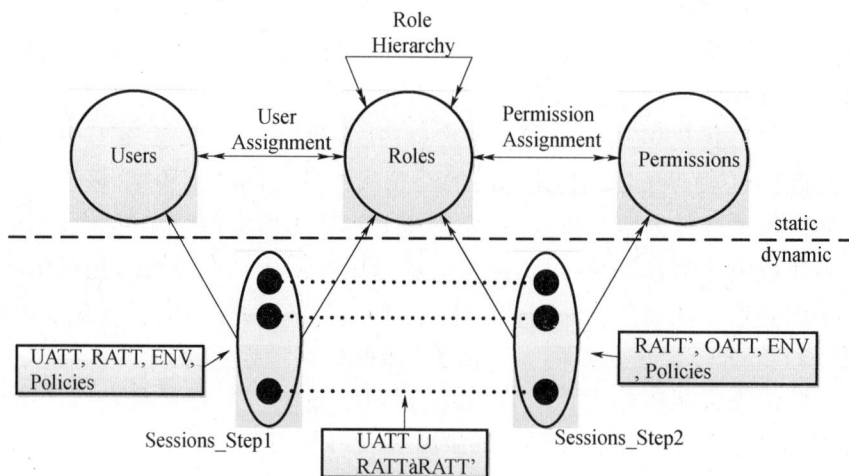

图 3.1　访问控制模型框架

关系(UA)、角色权限关系(PA)和角色继承关系(RH)。此外,我们还为用户定义了用户属性(UATT);为角色定义了角色属性(RATT);为权限定义了对象属性(OATT)。这些属性将在模型的动态部分参与权限过滤,即缩减用户权限关系。

在模型的动态部分,与文献[81]、[82]不同的是,我们并不是在用户－权限关系建立完成之后才应用基于属性的访问控制策略,而是在建立关系的过程中应用这些策略。此时(在此部分),会话的建立过程被分为两个阶段:Sessions_Step1 和 Sessions_Step2。Sessions_Step1 在用户－角色静态关系基础上根据 UATT、RATT、环境属性(ENV)以及由这些属性定义的访问控制策略动态确定用户可用的角色;Sessions_Step2 以上一步确定的角色和其对应的权限为基础,根据 RATT、OATT、ENV 和由这些属性定义的策略动态确定用户最终可用的权限。

相比于文献[81]、[82]提出的访问控制模型,新的模型支持更灵活的访问控制。在文献[81]、[82]的访问控制模型中,基于属性的访问控制策略仅作用于用户－权限关系,而新的访问控制模型不仅可作用于用户－权限关系(如 Sessions_Step2),还可作用于用户－角色关系(如 Sessions_Step1)。例如,应用新的访问控制模型,我们可以定义用户在某种条件下不可激活/使用某个角色,而这种需求不被文献[81]、[82]的访问控制模型支持。

相比于文献[84]的访问控制模型,新的模型更完备。文献[84]也是将基于属性的策略分别应用于用户－角色关系和角色－权限关系,但在将策略应用到角色－权限关系时,使用的是单纯的角色属性(RATT),而新模型则是使用了结合了 UATT 的 RATT',即在 Sessions_Step1 到 Sessions_Step2 的转换过程中将 UATT 引入 RATT 形成新的 RATT'。由于 RATT'包含的用户属性,因此新的模型可以更细粒度地控制角色 - 权限关系,如应用新的模型,我们可以定义某个组织机构(组织机构通常是用户的属性)的角色不能激活/使用某个权限,而文献 [84] 的访问控制模型并不支持这种需求。

新模型之所以将 UATT 引入 RATT,是因为在 RBAC 模型中,可以将角色看作用户的代理,代表用户去建立和权限的关联。因此在执行 Sessions_Step2 之前,在角色属性中加入用户属性是合理的。

3.1.2.2　访问控制工作流

上面给出了新模型的总体结构,包括静态组成和动态组成,是对模型的静态描述。本节将描述模型各组成要素是如何参与到访问控制决策过程中的,是对模型的动态描述。我们将该过程称为访问控制工作流,该流程定义如下:

步骤 1:由 RBAC 模型确定用户和角色的映射关系 $U{\rightarrow}R$;

步骤 2:根据 UATT、RATT、ENV 和相关策略从 $U{\rightarrow}R$ 中删除违反规则的关系,从而生成新的用户 - 角色关系 $U{\rightarrow}R'(U{\rightarrow}R'{\subseteq}U{\rightarrow}R)$;

步骤 3:由 RBAC 模型确定角色 - 权限映射关系 $R'{\rightarrow}P$,并将 UATT 和 RATT 组合形成新的角色属性 RATT',其中 $RATT'' = UATT \cup RATT$;

步骤 4:根据 RATT'、OATT、ENV 和相关策略从 $R'{\rightarrow}P$ 中删除违反规则的关系,生成新的角色 - 权限关系 $R'{\rightarrow}P'(R'{\rightarrow}P'{\subseteq}R'{\rightarrow}P)$。

经过上述步骤,我们得到了最终可用的用户 - 权限关系 $U{\rightarrow}P'$,该关系是 RBAC 模型确定的用户 - 权限关系的子集,即 $U{\rightarrow}P'{\subseteq}U{\rightarrow}P$。由于 $U{\rightarrow}P$ 的安全性由 RBAC 模型保证,本书的访问控制模型是在 $U{\rightarrow}P$ 的基础上删除不符合条件的关系,因此最终确定的用户 - 权限关系 $U{\rightarrow}P'$并不违反 RBAC 模型的限制。这是目前 RABAC 模型所采用的策略,ABAC 的作用是过滤由 RBAC 确定的用户 - 权限映射 $U{\rightarrow}P$,这样,模型的安全性是有保证的,同时又能实现动态且细粒度的访问控制。

本节的访问控制工作流实际上就是会话建立的过程。新的模型扩展了 RBAC 模型中的会话。在 RBAC 模型中,会话就是确定用户 - 角色关系,而新模型的会话除了要确定用户 - 角色关系外,还要确定角色 - 权限关系,会话建立完成的同时,访问控制决策过程也就结束了,并不需要在会话建立之后再应用基于属性的策略,这与文献 [81]、[82] 的访问控制决策方式是不同的,本章的模型验证部分会比较这两种决策方式。

3.1.3 形式化定义

3.1.3.1 集合与函数

表 3-2 中定义了 RBAC 模型的基本集合和函数。除此之外,本节还定义了额外的集合和函数用于构建基于属性的访问控制策略,如表 3-3 所列。这些的元素与文献[81]、[82]中定义的类似,对于那些和文献[81]、[82]中定义相同的元素,我们不再详细解释其含义。新增加的集合和函数有:

(1)函数 avail_session_roles:该函数表示用户和角色之间的映射关系,将被用于会话建立的第一阶段,即 Session_Step1。

(2)函数 avail_session_perms:该函数表示角色和权限之间的映射关系,将被用于 Session_Step2 阶段。

(3)集合 ENV:该集合是一个动态集合,其中的元素是环境属性的当前值。

(4)函数 filter_r:该函数根据用户和角色搜索所有可用于该用户和角色的访问控制策略,每个访问控制策略都是基于用户属性、角色属性和环境值的函数。当该函数值为 T 时,表明用户和角色关系生效/激活,否则表明该关系失效/不激活。该函数将被用于 Session_Step1 阶段以动态确定用户 – 角色关系。

(5)函数 filter_p:该函数根据角色和权限搜索所有可用的访问控制策略,每个访问控制策略都是基于新的角色属性(RATT')、对象属性和环境值的函数。该函数将被用于 Session_Step2 阶段以动态确定角色 – 权限关系。

除了上述增加的集合和函数外,我们还修改了属性函数 OATT,它不再是对象和值的映射,而是权限和值的映射。因为对象可被视为权限的属性,因此对象的属性也是权限的属性。这么做的目的是为了简化模型,与文献[81]、[82]中将权限看作由操作和对象组成的二元关系并不冲突。

表 3-2 RBAC 模型的基本集合和函数

> ➤ USERS, ROLES, OPS and OBS (users, roles, operations and objects);
> ➤ $PERMS \in 2(OPS \times OBS)$, the set of permissions;
> ➤ SESSIONS, the set of sessions;
> ➤ uset_sessions$(u:USERS) \rightarrow 2^{SESSIONS}$, the mapping of user u onto a set of sessions;
> ➤ avail_session_roles$(u:USERS) \rightarrow 2^{ROLES}$, the mapping of user u onto a set of roles;
> ➤ avail_session_perms$(rs:2^{ROLES}) \rightarrow 2^{PERMS}$, the mapping of role onto a set of permissions;
> ➤ $UA \subseteq USERS \times ROLES$, a many – to – many mapping user – to – role assignment;
> ➤ $PA \subseteq ROLES \times PERMS$, a many – to – many mapping role – to – permission assignment

表 3 - 3　RABAC 模型的额外的集合和函数

- ENV represents the current values of environment attributes such as time, temperature and humidity.
- UATT, RATT and OATT represent finite sets of user, role and object attribute functions respectively.
- For each att in $U\,ATT \cup RATT \cup OATT$, Range(att) represents the attribute's range, a finite set of atomic values.
- attType: $U\,ATT \cup RATT \cup OATT \rightarrow \{set, atomic\}$. Specifies attributes as set or atomic valued.
- Each attribute function maps elements in USERS and OBS to atomic or set values.

$$\forall ua \in U\,ATT.\ ua: USERS \rightarrow \begin{cases} Range(ua) & \text{if attType}(us) = \text{atomic} \\ 2^{Range(ua)} & \text{if attType}(ua) = \text{set} \end{cases}$$

$$\forall ra \in RATT.\ ra: ROLES \rightarrow \begin{cases} Range(ra) & \text{if attType}(ra) = \text{atomic} \\ 2^{Range(ra)} & \text{if attType}(ra) = \text{set} \end{cases}$$

$$\forall oa \in OATT.\ oa: PERMS \rightarrow \begin{cases} Range(oa) & \text{if attType}(ra) = \text{atomic} \\ 2^{Range(oa)} & \text{if attType}(oa) = \text{set} \end{cases}$$

- filter_r(u, r: USERS × ROLES) $\rightarrow 2^{POLICIES\_R}$, the mapping of role onto a set of policies. For each $pr \in$ POLICIES_R.
- $pr: USERS \times ROLES \times 2^{U\,ATT} \times 2^{RATT} \times 2^{ENV} \rightarrow \{T, F\}$.

  filter_p(r, p: ROLES × PERMS) $\rightarrow 2^{POLICIES\_P}$, the mapping of role onto a set of policies. For each $pp \in$ POLICIES_P.

  $pp: ROLES \times PERMS \times 2^{RATT'} \times 2^{O\,ATT} \times 2^{ENV} \rightarrow \{T, F\}$,

  where $RATT' = U\,ATT \cup RATT$.

3.1.3.2　关键算法

本节将使用上面定义的集合和函数来描述访问控制工作流。该流程共 4 个步骤,其中步骤 2 和步骤 4 是流程中最复杂且最重要的步骤,重点阐述这两个步骤。

如果将整个访问控制工作流看作一个黑盒,则其输入为用户 $u, u \in VSERS$,输出为 $P', P' \in PERMS$。因此,步骤 1 的输入是 u,步骤 4 的输出是 P'。接下来,我们将给出每个步骤的算法。

对于步骤 1,其输入是 u,输出是 $R, R \subseteq ROLES$,算法十分简单,使用 avail_session_role 即可获得 R,即: $R = $ avail_session_roles(u)。

步骤 2 的算法如表 3 - 4 所列。该步骤有两个输出,一个是缩减后的角色集合 R';另一个是角色到用户的映射 roles_user,该函数的作用是获取当前会话中角色所对应的用户,以便在步骤 4 能够获取用户属性。算法中的 policy 是基于用户属性、角色属性和环境值的函数,函数可抽象为由逻辑运算和关系运算组成的表达式[81],最终的输出是布尔值。每个用户、角色有序对都对应一组策略,这些策略中只要有一个的值是 F,则用户 - 角色关系失效/不激活。

表3-4　动态缩减用户-角色映射算法

```
Input: the user: u, u ∈ USERS; the set of roles: R, R⊆ROLES.
Output: the new set of roles: R', R'⊆ROLES; the function mapping roles to users: roles_user, (r:ROLES)
→USERS.
Begin:
  R' = R;
  Policies = ∅;
  for all r ∈ R do
    roles_user(r) = u;
    Policies = filter_r(u, r);
    for all policy ∈ Policies do
      if ¬ policy(u, r, ENV) then
        R' = R'\r;
        break;
      end if
    end for
  end for
End
```

步骤3的算法如表3-5所列。该步骤将步骤2的输出R'作为输入,利用avail_session_perms函数获取R'中每个角色所对应的权限集合,然后将角色、权限有序对加入集合RP,最终将RP作为算法输出。此外,该步骤还要组合UATT和RATT形成新的角色属性RATT',即 $RATT' = UATT \cup RATT$。

表3-5　确定静态角色-权限关系

```
Input: the new set of roles: R'.
Output: the set of ordered pairs: RP, RP⊆ROLES × PERMS.
Begin:
  RP = ∅;
  for all r ∈ R' do
    P = avail_session_perms(r);
    for all p ∈ P do
      RP = RP ∪ {(r, p)};
    end for
  end for
End
```

步骤4如表3-6所列。该步骤最终输出了用户可用的权限集合P'。算法中的policy是基于新的角色属性、对象属性和环境值的函数。这里的新角色属性包含了用户属性和角色属性。为了获取用户属性值,必须使用步骤2

44

输出的函数 roles_user 角色对应的用户,然后通过 UATT 里的函数获取用户属性值。

表 3-6　动态缩减角色-权限映射

```
Input: the set of ordered pairs: RP, RP⊆ROLES × PERMS.
Output: the new set of permissions: P', P'⊆PERMS.
Begin:
  P' = ∅;
  Policies = ∅;
For all (r,p) ∈ RP do
    Policies = filter_p(r, p);
    P' = P' ∪ {p};
    for all policy ∈ Policies do
      if ¬ policy(r, p, ENV) then
        P' = P'\p;
        break;
      end if
    end for
  end for
End
```

3.1.4　模型验证

访问控制模型的验证,尤其是形式化验证一直是一个难题。文献[81]、[82]、[84]均未对模型进行验证,但这些文献却指出模型的形式化分析验证是十分重要的,是未来努力的方向。文献[85]定义了访问控制模型的两个属性:完备性和单调性。由于这两个属性涉及访问控制决策的计算规则,而本章的模型并不考虑具体的决策过程,因此不对这两个属性进行讨论。本节扩展了文献[85]的属性,定义了适用于 RABAC 模型的属性:访问控制粒度、灵活性和决策性能,从理论上验证了我们提出的模型在这 3 个方面优于文献[81]、[82]、[84]提出的模型。

3.1.4.1　访问控制粒度

不论是 RBAC,还是 ABAC 或混合模型,最终的目标都是确定用户和权限之间的关系,即用户在当前会话中可获得的权限。为了实现这一目标,RBAC 模型是通过角色静态地关联用户和权限;ABAC 是通过基于属性的策略动态地确定用户和权限的关系;而混合模型则是在使用 RBAC 静态确定用户和权限关系后,再用 ABAC 对用户-权限关系进行动态缩减。文献[81]、[82]、[84]和本书所提出的模型均是这种模式,即先确定静态关系,然后用属性动态缩减关系。这些模型最终都是对用户－权限关系进行缩减,在缩减过程中需要用到各种属性,因此,我们将缩减用户－权限关系时各种属性的使用情况确定为模型访问控制粒度的度量:

一个 RABAC 模型的访问控制粒度取决于该模型在缩减用户－权限关系时可用的最大属性数量。

基于上述度量,我们可以比较不同 RABAC 模型的访问控制粒度。首先我们得确定模型在缩减用户－权限关系时都使用了哪些属性。形式化的分析可知:这些模型首先使用 RBAC 生成了由用户和权限组成的有序对集合 UP($UP \subseteq USERS \times PERMS$),然后使用基于属性的策略确定该集合中的每一个有序对$\langle u;p \rangle$是否有效,实际就是建立了 UP 和$\{T, F\}$之间的映射关系。当然,在建立这个映射关系时需要参考用户属性和权限属性。该映射关系可抽象表达为

$$up\_tf: UP \times 2^{UATT} \times 2^{OATT} \times 2^{ENV} \rightarrow \{T; F\} \tag{2.1}$$

在映射 up_tf 中,dom(up_tf)包含$2^{UATT} \times 2^{OATT} \times 2^{ENV}$,其中 UATT 是用户属性,OATT 是对象属性,我们也可以视其为权限属性,ENV 为环境属性。从 dom(up_tf)的结构可计算出模型在确定 UP 和$\{T, F\}$关系时最大可用的属性数量为:$|UATT| + |OATT| + |ENV|$。上述分析过程的关键是明确 UP 和$\{T, F\}$的映射结,根据结构中属性的应用情况来计算模型的访问控制粒度。

将这种分析方法应用到文献[84]的模型上,我们也可得出该模型的访问控制粒度。该模型的特点是访问控制决策过程被分为两个阶段。第一阶段首先使用 RBAC 建立由用户和角色组成的有序对集合 UR($UR \subseteq USERS \times ROLES$),然后建立 UR 到$\{T, F\}$的映射。由于角色是权限集合,该映射无法决定每一对 <u;p> 是否有效,因此第一阶段无法反应模型的完备性。在第二阶段,模型首先使用 RBAC 建立由角色和权限组成的有序对集合 RP($RP \subseteq ROLES \times PERMS$)。由于角色可视为用户的代理,因此 RP 集合的建立实际也表明 UP 集合建立了,那么后续的属性策略实际也作用于 UP 集合之上。根据文献[84]的描述,第二阶段建立的 UP 和$\{T, F\}$映射可表达为

$$up\_tf: UP \times 2^{RATT} \times 2^{OATT} \times 2^{ENV} \rightarrow \{T; F\} \tag{2.2}$$

由式的结构可知模型的访问控制粒度为:$|RATT| + |OATT| + |ENV|$。与式(2.1)相比,由于$RATT \subseteq UATT$,则$|RATT| \leq |UATT|$,因此文献[81]、[82]的模型的访问控制粒度比文献[84]具备更细的访问控制粒度。

本书的模型也分为两个阶段,第一阶段与文献[84]相同。不同的是第二阶段,本书修改了式(2.2)的结构,将其改为

$$up\_tf: UP \times 2^{RATT'} \times 2^{OATT} \times 2^{ENV} \rightarrow \{T; F\} \tag{2.3}$$

其中,$RATT' = UATT \cup RATT$。因此,式(2.3)等价于

$$up\_tf: UP \times 2^{UATT} \times 2^{OATT} \times 2^{RATT} \times 2^{ENV} \to \{T, F\} \quad (2.4)$$

由式的结构可知本书的模型的访问控制粒度与文献[81]、[82]相当,优于文献[84]。

3.1.4.2 灵活性

灵活性是一个相对概念:我们一般说一个模型比另一个模型更灵活。直观地比较文献[81]、[82]和本书的模型,可以看出本书的模型除了具有式(2.1)这样的映射关系外,还可以写出 UR 到{T, F}的映射:

$$ur\_tf: UR \times 2^{UATT} \times 2^{RATT} \times 2^{ENV} \to \{T, F\} \quad (2.5)$$

如果不考虑属性及环境影响,本书的模型包含两个映射:$UR \to \{T, F\}$ 和 $UP \to \{T, F\}$。这两个映射可改写为:$U \times R \to \{T, F\}$ 和 $U \times P \to \{T, F\}$,其中 U 代表 USERS,R 代表 ROLES,P 代表 PERMS。由于 R 是 P 的集合,因此这两个映射可综合成如下映射:

$$upp\_tf: U \times 2^{P} \to \{T, F\} \quad (2.6)$$

如果不考虑属性及环境影响,文献[81]、[82]的 UP 到{T, F}映射也可以写成式(2.6)这种一般形式。因此,我们可以给出灵活性的度量:

在映射 upp_tf 中,集合 dom(upp_tf)的最大容量,即 dom (upp_ft)的值。

根据上述度量,我们可以很容易得出本书的模型比文献[81]、[82]的模型更灵活,因为 $|U \times 2^{P}| > |U \times P|$。而且本书的模型与文献[84]的模型具备相同的灵活性,因为 $|U \times 2^{P}| > |U \times 2^{P}|$。

3.1.4.3 决策性能

在本书中,性能反映了模型的决策执行速度。对于 RABAC 模型来说,决策性能主要取决于检索访问控制策略的速度。因为在访问控制决策过程中,应用 RBAC 确定用户 – 角色关系、角色 – 权限关系的过程对于各模型来说都是相同的,不同之处在于属性策略的检索。本书和文献[84]的属性策略涉及式(2.1)和式(2.5)的映射,而文献[81]、[82]的策略涉及式(2.1)的映射。若不考虑属性及环境,则这两种模型的策略集合的容量是不同的,那么策略检索的性能也必然不同。因此,性能的度量就转化成对策略集合容量的度量。

对于本书和文献[84]的模型,策略集合可简化表达为:$U \times R \to \{T, F\}$ 和 $U \times P \to \{T, F\}$。由于后者实际是由角色 – 权限关系确定的,因此可将其改写为 $R \times P \to \{T, F\}$。这样一来,模型的策略集合的容量最大为

$$|U \times R| + |R \times P| = |U| \times |R| + |R| \times |P| = |R| \times (|U| + |P|) \quad (2.7)$$

对于文献[81]、[82]的模型,策略集合可简化表达为 $U \times P \to \{T, F\}$,则模型的策略集合的最大容量为

$$|U \times P| = |U| \times |P| \tag{2.8}$$

比较式(2.7)和式(2.8)可知,式(2.7)的值会更小一些,因为角色数量通常比用户数和权限数小很多。假设在用户数、角色数和权限数三者中,用户数最大,角色数最小,则式(2.7)中起决定作用的就是$|R| \times |U|$,其值必然小于$|V| \times |P|$。因此理论上来说,本书和文献[84]的模型在性能上要优于文献[81]、[82]的模型。

3.2 访问控制系统

访问控制系统是访问控制模型的实例,通过一些技术手段来实现模型中的各个要素,采用何种技术以及如何应用这些技术会影响系统的性能。文献[88]给出了 ABAC 模型的实现方案,该方案使用 SpEL 表达式来定义访问控制规则,然后以 Java 注解的方式为系统功能添加这些规则。这种方式方便了开发人员定义访问控制规则,但不利于管理这些规则,因为代码与规则耦合。本节提出的实现方案解耦了代码与访问控制规则,既方便了规则定义,同时也方便了规则管理。

根据上面的访问控制工作流可知,访问控制系统需要经过 4 个步骤来确定用户权限,每个步骤都有涉及相应的数据结构。访问控制系统架构如图 3.2 所示。我们设计了 4 个数据结构,这 4 类数据都将存储于数据库中,其中:

用户/角色关系用于在步骤 1 中确定用户所拥有的角色;

用户/角色策略用于在步骤 2 中动态缩减用户的角色;

角色/权限关系用于在步骤 3 中确定角色所包含的权限;

角色/权限策略用于在步骤 4 中动态缩减权限。

经过上述 4 个步骤,访问控制系统最终可以确定用户的权限。

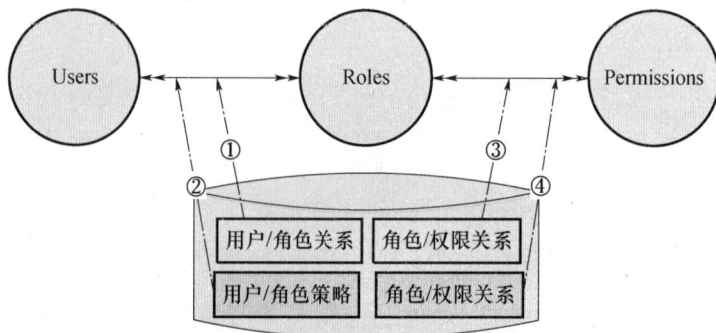

图 3.2　访问控制系统架构

由于新的访问控制模型是在 RBAC 模型基础上引入基于属性的访问控制规则,上述 4 个数据结构中的用户/角色关系和角色/权限关系与一般的 RBAC 系统相同,均为二元组。访问控制系统的核心数据结构是用户/角色策略和角色/权限策略,下面将详细阐述这两类数据结构的设计及相关算法。

3.2.1　数据结构

用户/角色策略可以由四元组(R, C, E, V)表示,其中 R 为角色标识;C 为前置条件表达式;E 为策略表达式;V 为策略生效条件。

上述 4 个元素中,R 用于关联策略所对应的角色。本书的访问控制系统将策略分为两类:用户/角色策略和角色/权限策略。前者是通过角色检索的,因此这类策略必须包含角色标识,以便访问控制系统获取可应用于某个角色的所有策略。

C 和 E 均为基于属性的布尔表达式(由表 3-7 中的规则定义),V 为布尔类型值。只有 C 的值为真时,访问控制系统才会计算 E 的值,并根据计算结果和 V 的值来决定是否激活用户-角色关系。访问控制系统应用策略的过程可抽象表达为:

$$C? \neg (E \otimes V) : true \tag{2.9}$$

由式(2.9)可知,当 C 为假时,式(2.9)的值为真,该值不受 E 值的影响。只有 C 为真时,E 的值才会影响式(2.9)的结果,并最终决定用户-角色关系。表达式 $\neg (E \otimes V)$ 仅当 E 和 V 的值相同时为真,否则为假。当 V 为真时,$\neg (E \otimes V)$ 等价于 E,反之则等价于 $\neg E$。可见,引入 V 可以方便系统管理员(尤其是那些不熟悉策略表达式的管理员)选择 E 或者 $\neg E$ 作为访问控制规则。

表 3-7　基于属性的表达式规则

$\varphi :: = \varphi \wedge \varphi \| \varphi \vee \varphi(\varphi) \| \neg \varphi \| attr \in set \| attr\ compare\ attr / value$
$compare :: = < \| = \| \leq$

与用户/决策策略类似,角色/权限策略也可由四元组(P, C, E, V)表示。其中 C、E 和 V 的含义与用户/角色策略中的相同;P 为权限标识,访问控制系统可根据该值检索用于某个权限的所有策略。

3.2.2　关键算法

为了描述步骤 2 的算法,需要进一步细化上节的数据结构。由于用户/角色策略中的 C 和 E 均为基于属性的表达式,因此它们应是属性到布尔值的映射函数,可抽象表达为

C: $cond(<u,r,e>: USERS \times ROLES \times ENV) \rightarrow \{T, F\}$,其中 USERS 为用户

集合、ROLES 为角色集合,ENV 为环境集合.

E: $expr(<u,r,e>:USERS \times ROLES \times ENV) \to \{T,F\}$.

此外,我们还需要定义角色到策略集合的映射函数来实现策略检索。该函数可定义为

filter_rp: $filter\_rp(r:ROLES) \to cond \times expr \times \{T,F\}$.

利用以上函数及上节定义的数据结构可得表 3 - 8 所列的算法。

表 3 - 8　步骤 2 的算法

```
Require:
    the set of ordered pairs: RP, RP ⊆ ROLES × PERMS.
Ensure:
    the new set of permissions: P', P' ⊆ PERMS.
 1: P' = ∅;
 2: Policies = ∅;
 3: for <r,p> ∈ RP do
 4:     Policies = filter_p(r,p);
 5:     P' = P' ∪ p;
 6:     for policy ∈ Policies do
 7:         if ¬ policy(r,p,ENV) then
 8:             P' = P'  p;
 9:             break;
10:        end if
11:    end for
12: end for
```

对于步骤 4,我们只需对步骤 2 中的函数进行适当修改即可给出其算法。步骤 4 中涉及的函数如下:

C: $cond(<u,r,p,e>:USERS \times ROLES \times PERMS \times ENV) \to \{T,F\}$,其中 PERMS 为权限集合.

E: $expr(<u,r,p,e>:USERS \times ROLES \times PERMS \times ENV) \to \{T,F\}$.

filter_pp: $filter\_pp(p:PERMS) \to cond \times expr \times \{T,F\}$.

利用以上函数及上节定义的数据结构可得表 3 - 9 所列的算法。

表 3 - 9　步骤 4 的算法

```
Require:
    the set of ordered pairs: RP, RP ⊆ ROLES × PERMS.
Ensure:
    the new set of permissions: P', P' ⊆ PERMS.
 1: P' = ∅;
```

（续）

```
2：Policies = ∅;
3：for < r,p > ∈ RP do
4：    Policies = filter_p(r,p);
5：    P' = P' ∪ p;
6：    for policy ∈ Policies do
7：        if ¬ policy(r,p,ENV) then
8：            P' = P'    p;
9：            break;
10：        end if
11：    end for
12：end for
```

3.2.3　系统实现

上面的算法是对访问控制流程的详细描述,大多数语句都可以直接转换为代码。实现的难点主要在于如何定义条件表达式和策略表达式,使其既方便用户理解,同时也具备一定的表达能力。考虑到这两种表达式都是基于属性的表达式,因此可以使用面向对象的方式来定义表达式。

文献[88]使用了 SpEL 来定义表达式,该语言的语法规则与面向对象的编程语言类似。假设访问控制需求为:组织机构为'10'的用户可在 2016 年 5 月 1 日到 6 月 1 日之间激活某个角色,否则禁用该角色。针对这一需求,可使用 SpEL 定义条件表达式为:u.org = = '10'(u 为用户对象);策略表达式为:e.date > = 20160501 && e.date < = 20160601(e 为环境对象);策略生效条件为 T。可见,使用面向对象的方式可以很容易地根据访问控制需求生成相应的控制策略。

本书也使用了 SpEL 来定义表达式,但与文献[88]不同的是,本书并不使用注解的方式来应用表达式,而是将表达式存储在数据库中。因为使用注解会使表达式与代码耦合——如果管理员修改表达式,则必须重新编译程序来使表达式生效,这将使得访问控制系统不易管理。因此,这里将表达式与代码分离,并使用如下代码来动态解析表达式:

ExpressionParser parser = new SpelExpressionParser();

StandardEvaluationContextctx = new StandardEvaluationContext();

ctx.setVariable("u", user);

ctx.setVariable("r", role);

ctx.setVariable("e", env);

returnparser.parseExpression(expr).getValue(ctx,Boolean.class);

上述代码中,expr 为要解析的表达式,它可能包含用户、角色和环境属性。

3.3　分布式访问控制缓存策略

动态车载导航系统是一个高度动态的网络系统,车载终端是快速移动的终端节点,可随时随地与车、路进行联接以交换信息。由于车辆的快速移动(城市道路中车速一般为 30 ~ 40km/h,省级以上道路中车速一般大于 60km/h),车载终端将频繁地在不同网络域间切换。对于这样一个特殊的网络系统,如果采用集中式访问控制策略,必然导致较低的网络接入和切换效率。为此,本节提出了一种分布式访问控制缓存策略以提高访问控制决策性能,进而提高网络的接入性能。

目前基于 RBAC 的集中式访问控制系统已得到了广泛应用。以网络应用为例,该访问控制系统的一般架构如图 3.3 所示。在此架构中,策略实施点(PEP)解析接入请求,然后从策略决策点(PDP)获取访问控制决策以决定客户端是否可以接入网络。

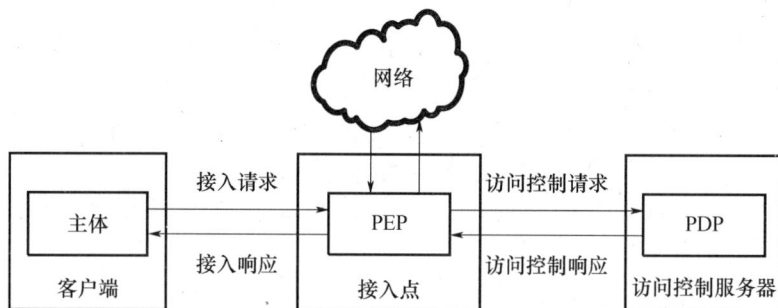

图 3.3　网络应用的访问控制架构

在集中式访问控制架构中,PDP 决定了整个访问控制系统的性能,且当其出现故障时,访问控制系统失效。为了解决这些问题,研究人员提出了分布式访问控制架构(见图 3.4)。该架构在接入点上引入了辅助决策点(SDP),用于缓存访问控制决策。当 PEP 接收应用请求时,会向 SDP 发送访问控制请求,如果 SDP 根据缓存的信息可以进行决策,则立即向 PEP 返回决策结果,否则,它会向 PDP 发送请求,由其根据访问控制规则作出决策,然后 SDP 会将 PDP 返回的决策结果缓存起来以备之后处理相同的请求。由于 SDP 与 PEP 在同一个节点,对于 SDP 可以处理的访问控制请求,访问控制决策过程将十分高效。另一方面,即使 PDP 出现故障,只要 SDP 缓存了足够的信息,访问控制系统依旧可以正常工作。

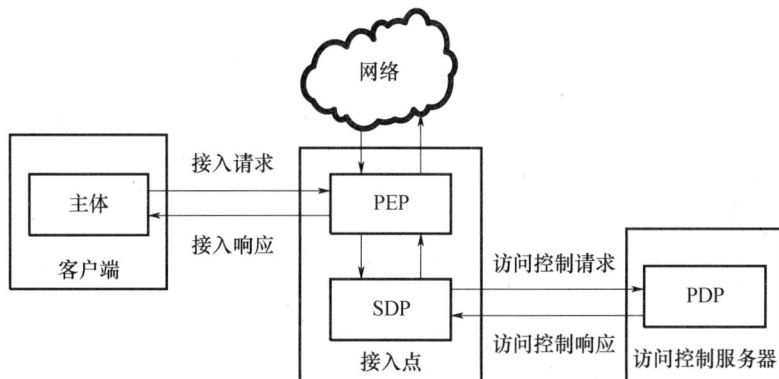

图 3.4 分布式访问控制架构

分布式访问控制架构因其较好的性能和容错能力,受到了极大关注。目前,已提出了不少 SDP 的缓存策略,其中,基于级联布隆过滤器的缓存策略被证明具有较好的时间和空间效率。本书改进了该策略,使其具有更低的存储空间需求及更高的管理性能。

接下来,本节首先介绍了访问控制缓存的相关研究工作;然后详细阐述了本方案,包括系统方案、实现原理和详细设计;之后通过仿真实验对方案的性能进行了验证。

3.3.1 相关研究

访问控制决策缓存是提高访问控制系统性能的一项重要措施,在许多系统中得到了应用,如文献[89]所设计的访问控制系统就在内存中创建了一个映射表,以主体和对象标识作为关键字,以压缩后的访问控制规则作为值。当主体访问某个对象时,访问控制系统首先在内存的映射表中查找访问控制规则,仅当内存中不存在相关规则时,系统才会到后端数据库中查找,并将其载入内存映射表。这种方式有效降低了访问控制系统的响应时间,极大提高了系统的吞吐量。但该方式是针对特定应用的,访问控制规则的压缩方法并不通用,同时由于需要存储主、客体标识,因此在拥有大量主、客体的环境下将占用大量内存空间或导致缓存命中率不高。文献[90]、[91]提出了一种分布式环境下的缓存策略,根据 PDP 的决策结果推断角色与权限的映射关系,然后将它们存储于 SDP 中。该策略支持基于 RBAC 模型的访问控制系统,通用性强,但由于缓存更新和决策时需要遍历缓存数据,因此响应时间较长。文献[92]提出了基于级联布隆过滤器的分布式缓存策略,该策略在 SDP 中使用级联布隆过滤器存储会话和权限关系。得益于布隆过滤器的特性,该策略的检索性能较好,且占用的存储空间稳定。但该策略的管理性能不佳,在更新会话权限关系时需要遍历整个集合。文献[93]比较了各种缓存策略,并指出基于级联布隆过滤器的缓存策略在时间效率和空间效率上均有较好的表现。文献[94]提出了一种使用相联阵列的硬件数据结构来缓存授权决策的方案,该方案支持基于访问控制矩阵和CPOL的缓存策略,但不支持基于级联隆过滤器的缓存策略。本书优化了文献[93]中的基于级联布隆过滤器的实现方案(不少研究人员使用该文献的实现作为基准测试程序或使用了该文献的测试数据[94]),使其占用更少的存储空间,并具备更好的管理性能。

3.3.2 系统方案

3.3.2.1 系统架构

本书的系统架构如图3.5所示。

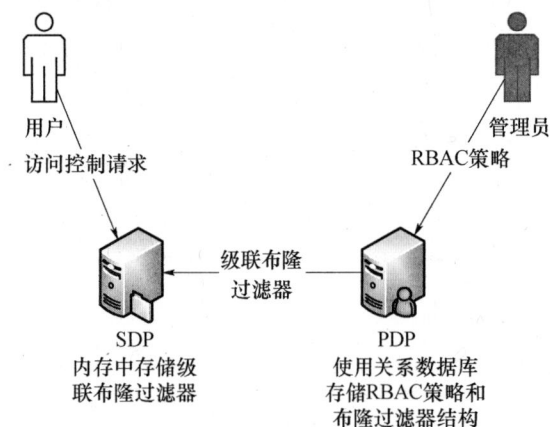

图3.5 分布式访问控制系统结构

(1) 本系统将RBAC策略(包括用户、角色、权限及它们之间的关系)集中存储于PDP节点;管理员与该节点交互更新RBAC策略;PDP节点还使用关系数据库存储每一级的布隆过滤器结构。

(2) PDP将布隆过滤器结构通过网络发送给多个SDP,后者在内存中生成级联布隆过滤器;当管理员更新RBAC策略时,PDP会将更新消息发送给SDP,由后者更新内存中的级联布隆过滤器。

(3) 普通用户将访问控制请求发送给SDP,由SDP验证请求是否满足访问控制规则。

3.3.2.2 实现原理

本系统的核心数据结构是级联布隆过滤器,该结构的基础是布隆过滤器,它是一个时间和空间上都高效地用于检索的数据结构。假设有一个集合 A,为了存储该集合中的元素,需要定义一个 m 比特的数组,以及一组哈希函数,每个函数独立地将 A 中的元素映射成 0 到 $m-1$ 中的一个整数,即 $h_i : U \rightarrow \{0, 1, \cdots, m-1\}$,对于所有的 $i = 1, \cdots, k$,其中: U 为 A 中的元素和不在 A 中的元素组成的全集, k 为哈希函数的个数。当存储 $a \in A$ 时,计算 $h_i(a)$,然后将数组中相应的位置 1;当要确定某个元素 e 是否在 A 中时,计算 $h_i(e)$,然后检查数组中相应位的值是否为 1,若任意 $h_i(e)$ 对应的位的值为 0,则 $e \notin A$,否则认为 $e \in A$。对于布隆过滤器,可能存在 $e \notin A$,但所有 $h_i(e)$ 对应的数组中的位的值均为 1,即存在假阳性。另一方面,将一个元素加入布隆过滤器很简单,但要从中删除一个元素则并不容易,不能简单地将要删除元素的哈希值所对应的数组中的位置 0,因为其他未删除元素可能需要将该位置 1。为此,人们提出了计数布隆过滤器,它并不是一个 m 比特的数组,而是 m 个计数器数组,每个计数器占若干比特。当添加一个元素时,是将数组中相应位置的计数器加 1,删除元素时,则将相应位置的计数器减 1。

为了保留布隆过滤器的时间和空间效率,同时解决其假阳性问题,人们提出了级联布隆过滤器,即使用多级(多个)布隆过滤器。假设一个级数为 d 的级联布隆过滤器,第 i 级的布隆过滤器记为 BF_i, BF_i 存储的元素集合记为 A_i。第 1 级布隆过滤器 BF_1 存储集合 A 中的元素,即 $A = A_1$; A_2 是集合 $U - A_1$ 中所有对于 BF_1 假阳性的元素集合; A_i 是 A_{i-2} 中所有对于 BF_{i-1} 假阳性的元素集合; A_{d-1} 中所有对于 BF_d 假阳性的元素将存入一个哈希表中,即 A_{d+1} 将以一个列表的形式存储。级联布隆过滤器的结构如图 3.6 所示。假定级联布隆过滤器分为 4 级,则 A_{i+1} 是 A_{i-1} 中所有对于 BF_i 的假阳性元素所组成的集合,所以有 $A_1 \supseteq A_3 \supseteq A_5$ 和 $A_2 \supseteq A_4$,且 A_5 并不存储到布隆过滤器中,取而代之的是使用哈希表来存储 A_5 中的元素。对于元素 $E_1 \in A_1$ 且不属于其他集合,则验证 E_1 是 BF_1 成员时将返回 true,而验证其是 BF_2 成员时将返回 false;对于元素 $E_4 \in A_4 \subseteq A_2$,则验证其是 $BF_1, \cdots, BF_4$ 成员时均返回 true,但 $E_4 \notin A_5$,因此 $E_4 \notin A$;对于元素 $E_6 \notin A_i$,对任意 A_i 都成立,因此在验证其时 BF_1 成员时将返回 false。

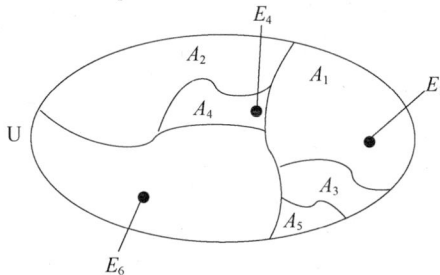

图 3.6　级联布隆过滤器结构

3.3.2.3　详细设计

文献[93]使用上面的级联布隆过滤器存储系统的会话信息——用户-权限关系,由于用户频繁登录退出系统,使得级联布隆过滤器中的内容频繁更新,而更新对于级联布隆过滤器是一个相对耗时的操作。为此,本书将相对稳定的角色-权限关系存储于级联布隆过滤器中。由于角色数通常远小于用户数,因此本书的级联布隆过滤器所需存储空间更小,生成和更新的效率更高。此外,本书在 PDP 端设计了专门的数据结构存储级联布隆过滤器的相关信息,实现了在每级布隆过滤器使用比特数组(而非计数器数组)来存储数据,从而进一步降低存储空间。

本书在 PDP 端除了将用户、角色、权限及它们之间的关系存储到关系数据库中,还设计了两个三元组用于存储级联布隆过滤器的相关信息。其中一个三元组为 $T1 = (\text{level}, \text{index}, \text{count})$,其中 level 是级联布隆过滤器的级别标识,index 是布隆过滤器的索引,count 是布隆过滤器的计数器,该三元组用于模拟级联布隆过滤器中的每一级计数布隆过滤器;另一个三元组为 $T2 = (\text{level}, \text{role}, \text{permission})$,其中 level 是级联布隆过滤器的级别标识,role 是角色,permission 是权限,该三元组用于存储级联布隆过滤器每一级的元素,包括最后的哈希表。

假设级联布隆过滤器的级数为 d。当管理员添加一个角色-权限关系时,系统需要执行以下步骤:

(1) 在关系数据库中添加角色-权限关系。

(2) 确定全集 U(角色-权限的笛卡儿积)是否有变化,假设要添加的元素为 e(e 表示添加的角色-权限关系),添加前的全集为 U,添加后的全集为 U'。

(3) 使用 BF_1 的哈希函数计算 e 的所有哈希值,然后根据哈希值在 $T1$(第一个三元组所对应的关系表)中将所有 level 为 1,且 index 为哈希值的计数器值加 1。

(4) 将三元组(1,e 所对应的角色,e 所对应的权限)添加到 $T2$(第二个三元组所对应的关系表)中。

(5) 判断集合 $U' - U - e$ 中每个元素是否是 BF_1 中的成员,对于不是 BF_1 成员的元素,使用 BF_2 的哈希函数计算其所有哈希值,然后更新 $T1$ 中的相关计数器,并在 $T2$ 中添加相应记录;

(6) 设置变量 $i = 2, \cdots, d+1$,确定集合 A_{i-2}(在 $T2$ 中查询所有 level $= i - 2$ 的记录)中所有对于 BF_{i-1} 假阳性的元素,使用 BF_i 的哈希函数计算它们的哈希值,然后更新 $T1$ 中的相关计数器(当 $i = d+1$ 时不用执行此操作),并在 $T2$ 中添加相应记录。

（7）将步骤 3 至 6 中对 $T1$ 的更新操作发送到 SDP 以更新缓存中的级联布隆过滤器。

当管理员删除一个角色–权限关系时，系统需要执行以下步骤：

① 在关系数据库中删除角色–权限关系。

② 确定全集 U（角色–权限的笛卡儿积）是否有变化，删除前的全集为 U，删除后的全集为 U'。

③ 令集合 $E = A_1 - (U - U')$。

④ 对 E 中的每个元素 e，使用 BF_1 的哈希函数计算其所有哈希值，然后根据哈希值在 $T1$ 中将所有 level 为 1，且 index 为哈希值的计数器值减 1。

⑤ 从 $T2$ 中删除元素 e 所对应的记录。

⑥ 从 E 中删除 e，重复步骤④，直到 E 为空。

⑦ 判断集合 $A_2 - (U - U')$ 中每个元素是否是 BF_1 中的成员，对于不是 BF_1 成员的元素，使用 BF_2 的哈希函数计算其所有哈希值，然后更新 $T1$ 中的相关计数器，并在 $T2$ 中删除相应记录。

⑧ 设置变量 $i = 2, \cdots, d+1$，确定集合 A_{i-2} 中所有对于 BF_{i-1} 假阳性的元素，使用 BF_i 的哈希函数计算它们的哈希值，然后更新 $T1$ 中的相关计数器（当 $i = d+1$ 时不用执行此操作），并在 $T2$ 中删除相应记录。

⑨ 将步骤③至⑧中对 $T1$ 的更新操作发送到 SDP 以更新缓存中的级联布隆过滤器。

本书在 SDP 缓存中存储的是角色–权限关系，并不包含用户信息，而实际的访问控制系统需要确定用户和权限的关系。为此，可以在用户登录系统后将用户及其关联的角色信息保存到用户端，并借助公钥加密系统对用户端的信息进行签名，以避免用户随意篡改登录信息。这样，用户在发送请求时，系统就能提取用户的角色信息，之后根据 SDP 中缓存的角色–权限关系确定用户是否拥有某个权限。

3.3.3　实验与分析

3.3.3.1　测试方案

本书将访问控制缓存系统应用于一体化网络环境，以测试其在大规模、分布式系统中的性能。一体化网络是近年受到广泛关注的一个新兴研究领域，它是一种融合地面互联网和空间网络，能在任何地点、任何时间、以任何方式提供信息服务的高速宽带信息网络[95-98]。

一体化网络架构如图 3.7 所示。在一体化网络中，访问控制系统的缓存节点 SDP 可部署于网络的接入节点上,如地面无线基站或低轨卫星(LEO),而访问控制系统的决策点(PDP)则部署于地面互联网上。管理员维护 PDP 中的访问控制规则,即用户、角色、权限和它们之间的关系,然后 PDP 自动将级联布隆过滤器同步到基站或 LEO 上。当移动终端接入网络,或在不同网络间切换时,如从空间网络切入地面网络(从 LEO 切换到基站),或从地面网络切入空间网络(从基站切换到 LEO),则接入节点可以直接利用缓存的级联布隆过滤器对用户进行访问控制。

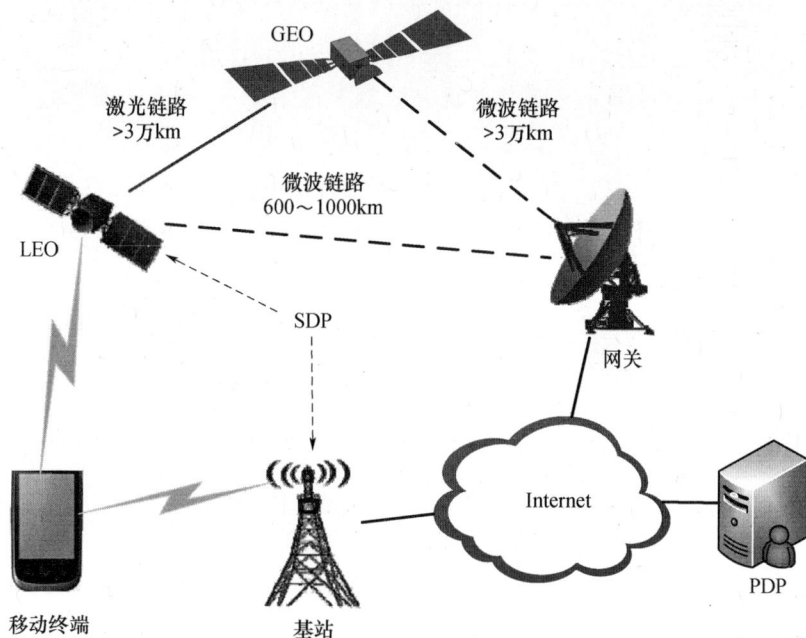

图 3.7　一体化网络架构

3.3.3.2　测试环境

测试环境包括两个部分:一体化网络仿真环境和访问控制系统环境。前者利用 GTK 导出的真实卫星轨道数据及空间通信参数计算空间网络数据传输延迟,然后使用 WebGL 对一体化网络结构和数据传输过程可视化;后者使用 Java 技术开发,包括访问控制管理和访问控制缓存两个子系统。仿真环境如图 3.8 所示。

3.3.3.3　结果分析

本章主要比较了使用传统级联布隆过滤器和本书的改进方案在缓存空间占用上的差异,实验数据来源于文献[93]的公开数据,测试方法也与该文献相同,包括了缓存的创建,向缓存中添加数据、删除数据等一系列操作,从实验结果看,本书的改进方案确实需要更少的缓存空间,如图 3.9 所示。

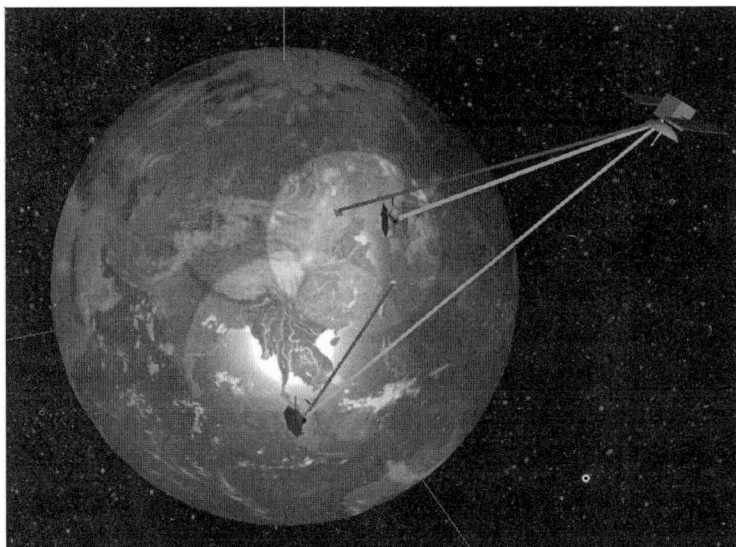

图 3.8　一体化网络仿真环境

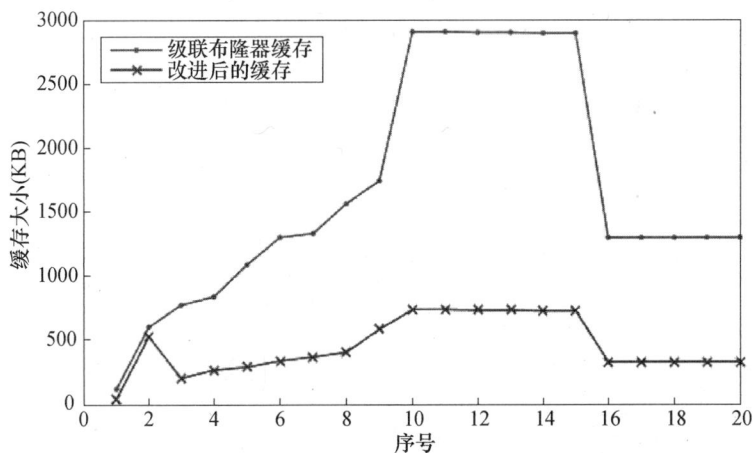

图 3.9　缓存空间占用对比

此外,本章还测试了接入空间网络时,使用缓存(在 LEO 上完成访问控制)和不使用缓存(在地面完成访问控制)的访问控制延迟对比,如图 3.10 所示。从测试结果不难看出,对于空间网络这种高延迟环境,使用缓存能极大提高访问控制效率。

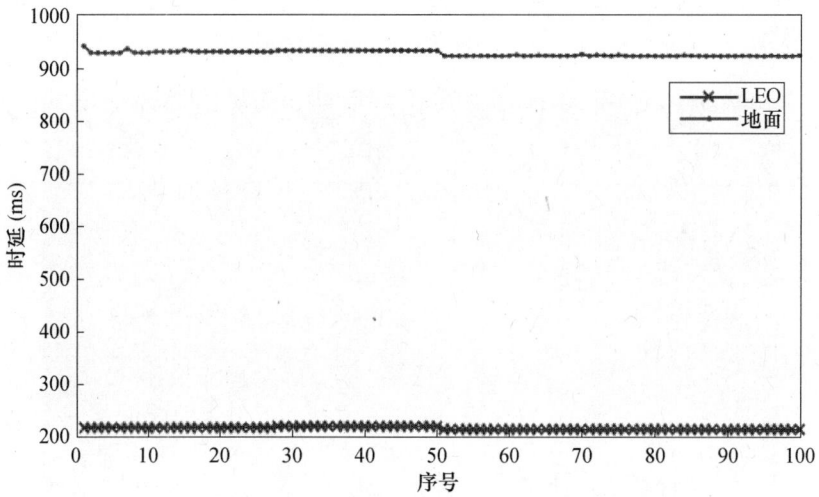

图 3.10　接入空间网络时的访问控制延迟对比

3.4　本章小节

本章对现有 RABAC 模型存在的不足进行了深入分析,提出了改进的 RABAC 模型。新的模型在访问控制粒度、灵活性上较现有模型有一定改善。还设计并实现了基于该模型的访问控制系统,详细设计了访问控制系统的关键数据结构及算法,并给出了条件表达式和策略表达式的实现方式,该实现方式优化了文献[88]的方案,对代码和访问控制策略进行了解耦,从而简化了访问控制策略的管理。最后介绍了一种基于交互式级联布隆过滤器的分布式访问控制缓存策略,该策略可提高访问控制决策性能,加快车载网络的接入和切换速度。

第4章　地图缓存

4.1　引　言

车载导航系统按照使用信息的方式分为静态导航系统和动态导航系统;按照系统架构的不同又可分为自主式导航系统和协作式导航系统[99]。目前比较常见的是静态自主式导航系统,其特点是将矢量地图、路网结构等数据存储在车载终端的 ROM 中,这些数据的更新周期较长。此外,该系统通常不需要无线通信网络,每个车载终端就是一个独立自主的单元,不与外界交互信息。因此,静态自主式导航系统不能及时反映当前路网的拓扑结构以及交通状况,最终导致有时无法正确规划行驶线路,不能很好地控制交通流。

相反,动态协作式导航系统由交通信息中心(服务端)负责存储及维护矢量地图与路网结构,所有车载终端(客户端)借助无线通信网络按需下载数据,数据的有效性得到了保证。在进行线路规划时,客户端通过无线通信网络向服务端发送规划请求,服务端计算线路并将结果返回客户端。服务端可以将路网结构与实时交通信息相结合[100,101],从而使计算的最佳路径更准确并能起到控制交通流的作用。

动态车载导航系统以无线通信网络为基础,实现了车与车、车与服务器之间的信息交互与共享,从而能够提供更多的服务,降低服务成本,改善用户体验及交通状况[102]。然而,无线通信网络的效率和稳定性也成为了制约动态车载导航系统性能的一大因素。众所周知,无线通信网络的抗干扰能力比有线网络弱,其传输速率也较有线网络慢。2G 网络如 GPRS 的实际传输速率通常在 28 ~ 50Kbps;3G 网络的传输速率通常在 2 ~ 10Mbps[103]。根据 Patterson 等人的研究[104],即使是最快的 10G 以太网,其延迟也为 190ms。目前在移动设备中常用的 flash memory,其写入延迟在 1ms 以下,而读取延迟通常低于 1/5ms[105]。由此可见,目前网络传输尤其是无线网络传输,其速度远低于本地外存。根据存储器体系结构原理,本地外存通常作为网络上其他计算机外存的缓存[106]。一个典型应用是,Web 浏览器对相关 Web 页面进行缓存从而隐藏网络访问的开销[107,108]。因此,通过设计一个缓存系统来提升动态导航系统的性能也就成了必然选择。

　　本章首先介绍了缓存系统的总体结构、地图分块设计,然后详细阐述了缓存数据结构、索引结构、稀疏矩阵的高速缓存结构以及相关算法,之后通过实验验证了缓存系统的有效性。此外,本章还着重论述了基于路网分析的启发式缓存预取策略,并通过实验对比了该策略与单纯的启发式预期策略之间的性能差异。

4.2　缓存系统总体结构

　　本书所设计的缓存系统应用于动态车载导航系统的客户端,目前主要缓存矢量地图、路网结构等数据(统称地图数据)。缓存系统总体数据结构如图4.1所示。它包含两个子结构:缓存索引以及缓存数据。缓存索引的基本单位是大地图分块,包含一个地图分块索引矩阵,通过此矩阵可以检索缓存数据中的地图分块,而缓存数据中的地图分块则对应于服务器端的地图分块。缓存索引头部还包含一个 FIFO 列表,该列表中存储的是指向地图分块索引矩阵中某些元素的指针。

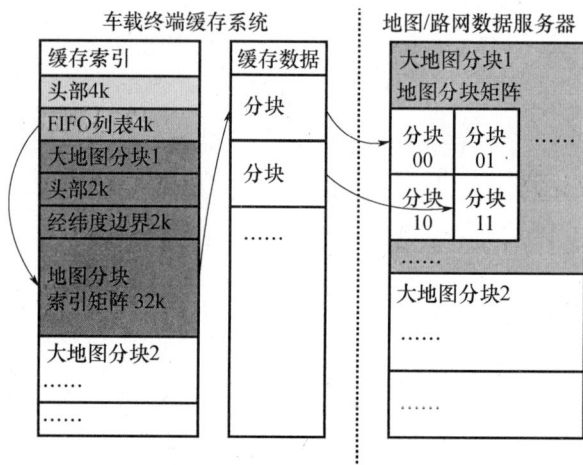

图 4.1　缓存系统总体数据结构

　　客户端在获取 GPS 数据后,需要判断车辆当前所在位置一定范围 R 内地图数据在本地的缓存情况(R 指的是一个地理区域:取车辆当前所在位置的经度 g、纬度 t,由 $g \mp \Delta g$、$t \mp \Delta t$ 所围成的地理区域),然后将 R 内地图数据的缓存情况发送给服务器,服务器分析该缓存情况:如果 R 内地图数据在客户端无缓存,则发送 R 内地图数据,否则,判断地图数据是否需要更新,如果需要更新,则重新发送 R 内地图数据;否则不发送。缓存系统的总体工作流程如图 4.2 所示。

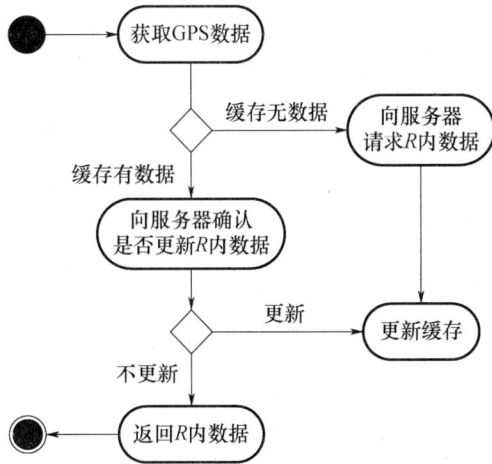

图 4.2　缓存系统总体工作流程

4.3　地图分块

4.3.1　地图分块设计

假设地球为一个正球体,赤道周长为 4×10^7m。使用若干条经线、纬线对其进行分割,分割后的效果如图 4.3 所示。可以得到如下地图分块设计:

- $t_i (i \in \mathbb{Z}$ 且 $0 \leqslant i \leqslant n)$ 为第 i 条分割纬线的纬度,其中 $t_0 = -85°$, $t_n = 85°$。
- $g_j (j \in \mathbb{Z}$ 且 $0 \leqslant j \leqslant m)$ 为第 j 条分割经线的经度,其中 $g_0 = -180°$, $g_m = 180°$;
- $\forall_i (0 \leqslant i < n)$,有 $t_{i+1} - t_i = T$,其中 $T = (t_n - t_0)/n = 170°/n$。
- $\forall_j (0 \leqslant j < m)$,有 $g_{j+1} - g_j = G$,其中 $G = (g_m - g_0)/m = 360°/m$。

t_0 与 t_n 的取值范围主要考虑到墨卡托投影的性质及实际应用需求。如果 $|t| > 85°$,则投影后形变非常严重。此外,$|t| > 85°$ 的区域是无人区,因此地图数据是无用的。

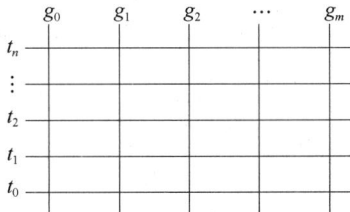

图 4.3　地图分块示意图

通过上述分割方法，可以得到地图分块的定义：任意相邻的两条分割经线与任意相邻的两条分割纬线所围成的区域。实际上地图分块并非矩形，图4.3所示的效果是经过墨卡托投影后的效果。

4.3.2 服务器端地图数据的存储策略

从图4.3中不难看出，所有的分割经线与分割纬线构成了 $n \times m$ 的表格。可以为表格中的每一行分配一个行号 $r(0 \leqslant r < n)$，为每一列分配一个列号 $c(0 \leqslant c < m)$，则行号与列号的组合 rc 唯一标识了一个单元格，即一个地图分块，用符号 a 表示，而 a_{rc} 则表示第 r 行、第 c 列的一个地图分块。假设服务器端的存储能力为无限大，所有地图分块的数据都存储在一个文件中，a_{rc} 地图数据的最大值为 M 字节，则定义 a_{rc} 地图数据在文件中的起始位置为 s_{rc} 字节处，其中 $s_{rc} = K + (r \times m + c) \times M,(K \geqslant 0)$，$K$ 表示文件中地图数据的起始位置。从中不难看出，在知道 rc 的情况下，检索 a_{rc} 地图数据时只需要计算 s_{rc} 的值，因此，检索的时间复杂度是一个常量，与 m、n、r、c 值的大小无关。同理，在知道 rc 的情况下，更新 a_{rc} 地图数据的时间复杂度也是一个常量。

然而，在实际应用中，rc 并不总是已知。rc 已知仅发生在客户有地图数据缓存且客户端当前位置所在的地图分块正好在缓存里。否则只能知道客户端当前位置的经度 x 和纬度 y。因此必须得有一种机制实现从 xy 到 rc 的映射。这一机制不仅应用于服务器，在客户端也是必要的。首先，如果客户端有缓存，则它具备了通过 xy 计算得到 rc 的能力；此外，如果客户端能够计算出 rc，则可以减轻服务器的压力，缩短服务器的响应时间。

将 x、y 分别与 $g_j(0 \leqslant j < m)$、$t_i(0 \leqslant i < n)$ 进行比较，如果 $\exists c,r$，使得 $g_c \leqslant x \leqslant g_{c+1}$ 且 $t_r \leqslant y \leqslant t_{r+1}$ 成立，则得到 xy 的映射 rc；如果 g_j、t_i 均按有序方式组织，则可以使用折半查找法，其时间复杂度为 $O(\lg n + \lg m)$。

4.3.3 二级地图分块设计

由上面知 G 为任意相邻两条经线的经度差，假设该差值为赤道上任意400m弧长所对应的夹角，则 $m = 10^5$。由于 $(t_n - t_0)/(g_m - g_0) \approx 0.5$，为了使 T、G 不致相差太大，则 $n = 0.5 \times m = 5 \times 10^4$。假设 $M = 100\text{KB}$，则服务器端数据文件的大小约为500TB。如此大的数据量如果使用集中式存储，无论从数据安全还是性能的角度而言，都是不合适的。为此，本章提出了一种两级地图分块设计方案，以实现地图数据的分布式存储。

两级地图分块设计包含两个方面：一是上文提到的地图分块设计；二是如下所述大地图分块设计：

$t_{i'}(i' \in \mathbb{Z}$ 且 $0 \leqslant i' \leqslant n' < n)$ 为第 i' 条分割纬线的纬度，其中 $t_0 = -85°$, $t_{n'} = t_n = 85°$；

$g_{j'}(j' \in \mathbb{Z}$ 且 $0 \leqslant j' \leqslant m' < m)$ 为第 j' 条分割经线的经度，其中 $g_0 = -180°$, $g_{m'} = g_m = 180°$；

$\forall i'(0 < i' \leqslant n')$, $\exists i(i' < i \leqslant n)$, 使得 $t_{i'} = t_i$；

$\forall j'(0 < j' \leqslant m')$, $\exists j(j' < j \leqslant m)$, 使得 $g_{j'} = g_j$。

由此，可以得到 $n' \times m'$ 的大地图分块表格，定义符号 $r'(0 \leqslant r' < n')$、$c'(0 \leqslant c' < m')$ 分别为表格的行号与列号，而符号 A 表示大地图分块，符号 $A_{r'c'}$ 表示第 r' 行、第 c' 列的大地图分块。由大地图分块设计可知 $A_{r'c'}$ 可分割成 $p_{r'} \times q_{c'}$ 的地图分块表格，表格中的每一个单元格为地图分块 a，且有 $\sum\limits_{r'=0}^{n'-1} p_{r'} = n$, $\sum\limits_{c'=0}^{m'-1} q_{c'} = m$。$A$ 可表示为 a 的矩阵，有

$$A_{r'c'} = \begin{pmatrix} a_{00} & a_{01} & \cdots & a_{0(q_{c'}-1)} \\ a_{10} & a_{11} & \cdots & 1_{0(q_{c'}-1)} \\ \vdots & \vdots & \ddots & \vdots \\ a_{(p_{r'}-1)0} & a_{(p_{r'}-1)1} & \cdots & a_{(p_{r'}-1)(q_{c'}-1)} \end{pmatrix}$$

由此，可以得到 a 在二级地图分块中的表示 $a_{r'_u c'_v}$，该符号表示大地图分块 $A_{r'c'}$ 中第 u 行 $(0 \leqslant u < p_{r'})$、第 v 列 $(0 \leqslant v < q_{c'})$ 的地图分块。

4.4　客户端缓存

4.4.1　缓存数据结构

缓存数据结构由两个子结构组成：缓存索引和缓存数据。物理上，这两个子结构分别对应于两个文件：索引文件和数据文件。

4.4.1.1　缓存数据

地图分块 a 是缓存数据的基本单位。在地图分块设计及二级地图分块设计中，a 被组织成矩阵的形式，而在缓存数据结构中，a 被组织成向量的形式，可表示为 $d = (a_1, a_2, \cdots, a_w, \cdots)$。本章所设计的缓存系统最多存储 1024 个地图分块（由于任意地图分块所覆盖范围约为 $400 \times 400\mathrm{m}^2$，则缓存的所有地图分块最大覆盖范围约为 $12.8 \times 12.8\mathrm{km}^2$，基本满足实际需求），$d$ 的维数为 1024。假设 $M = 16\mathrm{KB}$，则 a_w 地图数据在缓存数据文件中的起始位置为 $w \times M$ 字节处。因此要检索某地图分块 $a_{r'_u c'_v}$，必须实现从 r', c', u, v 到 w 的映射；在 r', c', u, v 未知的

情况下,得实现从经纬度 x,y 到 r',c',u,v 的映射。以上两种映射都将通过索引结构来实现。

4.4.1.2　缓存索引

缓存索引以大地图分块 A 为基本单位,对 $\forall A_{r'c'}$,有 $p_{r'} \leqslant 128$ 且 $q_{c'} \leqslant 128$。缓存索引必须支持两种映射方式:$r',c',u,v \to w$;$x,y \to r',c',u,v$。由于二级地图分块设计,两种映射方式均可分为两个阶段,首先确定 r',c' 所对应的索引区域 $A_{r'c'}$,再确定 u,v 所对应的 $a_{r'_u c'_v}$ 是否在缓存中,如果在,则给出其 w 值。

针对第一阶段,本书所采用的方式是遍历,即搜索索引结构中的所有大地图分块的索引区域,直到找到目标 $A_{r'c'}$ 的索引区域。由于 A 通常包含约 100×100 个 a,其覆盖面积约为 $40 \times 40 \mathrm{km}^2$,一个 2×2 的大地图分块矩阵基本上可覆盖中国任意城市。因此遍历的索引区域总数通常小于4,其时间复杂度可近似认为是一常量。

针对第二阶段,即确定 $A_{r'c'}$ 索引区域之后,本书为支持两种映射方式分别设计了相应的子索引结构。这两种子索引结构物理上均在 $A_{r'c'}$ 索引区域内。

由于 $1 \leqslant w \leqslant 1024$,因此可以用两个字节来存储 w 的值。为了加快 $r',c',u,v \to w$ 的映射速度,在 $A_{r'c'}$ 索引区域内,开辟了一个 $128 \times 128 \times 2 = 32\mathrm{KB}$ 的子索引区域。这样为了检索 $a_{r'_u c'_v}$,直接通过计算 $(u \times 128 + v) \times 2$ 即可获得 $a_{r'_u c'_v}$ 在缓存数据文件中的位置。检索的时间复杂度为一常量。而确定 $p_{r'},q_{c'}$ 最大值为128,是为了进一步加快计算速度。$u \times 128 + v$ 等价于高级语言(如 C、Java):$u \ll 7 + v$,而移位操作相比于乘法操作更快(如图 4.4 基本操作实验结果所示)。

而为了加快 $x,y \to r',c',u,v$ 的映射速度,在 $A_{r'c'}$ 索引区域内,开辟了一个 2KB 的子索引区域。该子索引区域又可分为两个部分,大小均为 1KB,分别存储大地图分块中的分割经线的经度 g_v 以及分割纬线 t_u 的纬度。由于经度与纬度值均为 8Bytes 的双精度值,因此,1KB 可以存储 128 个经度或纬度值,即 g_v 或 t_u 的数组,其中 u,v 均为数组索引。缓存系统在内存中会使用红黑树来组织数组下标,即 u,v。这样其检索、更新速度与红黑树等同。

缓存索引最重要的作用是为了加快计算 w 的速度。首先给出上文提到的范围 R 的定义,该定义基于二级地图分块设计:假设车辆当前所在地图分块为 $a_{r'_u c'_v}$,以 $a_{r'_u c'_v}$ 为中心,5×5 的地图分块矩阵。假设所有地图分块都在一个大地图分块 $A_{r'c'}$ 内,则 R 可表示为

$$\begin{pmatrix} a_{r'_{(u-2)}c'_{(v-2)}} & \cdots & a_{r'_{(u-2)}c'_{(v+2)}} \\ \vdots & \ddots & \vdots \\ a_{r'_{(u+2)}c'_{(v-2)}} & \cdots & a_{r'_{(u+2)}c'_{(v+2)}} \end{pmatrix}$$

如果已知 r',c',u,v,则通过 $r',c',u,v{\to}w$ 映射可以计算出 R 内所有地图分块所对应的 w 值;如果已知车辆当前所在经纬度 x,y,则首先通过 $x,y{\to}r',c',u,v$ 映射计算 x,y 所对应的 r',c',u,v,再通过 $r',c',u,v{\to}w$ 映射计算 w 值。在获取范围 R 所对应的 $5{\times}5$ 地图分块矩阵过程中,$r',c',u,v{\to}w$ 映射必须应用 25 次,而 $x,y{\to}r',c',u,v$ 映射最多应用 1 次。可见,前一种映射的使用频率要远高于后者,必然成为优化的重点。

4.4.2　稀疏矩阵的高速缓存策略

针对 $r',c',u,v{\to}w$ 映射,缓存系统采用的存储策略是顺序存储,检索过程就是计算二维数组的索引,时间复杂度为 $O(1)$。由于子索引区域可以检索 16384 个地图分块,而缓存系统每次最多检索 25 个地图分块。假设所有地图分块均属于同一子索引区域,其空间利用率仅为 $25 16384 \approx 0.0015$,因此上述映射策略是一种典型的以空间换时间的设计方案。如果将索引结构表示成 128×128 的矩阵,并规定值为 0 的元素表示其所对应的地图分块数据不在缓存中,而值大于 0 的元素所对应的地图分块数据在缓存中(实际情况确实如此),则该矩阵为一个稀疏矩阵。

如果不进行任何优化,直接将子索引区域加载入内存,一个大地图分块至少占用 32KB 的内存空间。以目前的内存容量(无论是 PC 或者嵌入式系统),分配 32KB 内存不是问题。但内存的利用率极低,并且考虑到 CPU 通常都具备二级缓存,数据一般先要加载到二级缓存然后才会被 CPU 获取,32KB 对于二级缓存而言可不是小数目,容易造成频繁的数据换入换出,影响性能[106]。因此,有必要对内存中的索引存储结构进行优化以提高内存的利用率。

缓存系统在内存中为 32KB 的子索引结构开辟一个高速缓存区。缓存系统首先在高速缓存中检索索引,如果索引不在高速缓存中,则先更新高速缓存,再检索。高速缓存区可表示为一个 $7{\times}7$ 的矩阵,矩阵中每个元素为地图分块的 w 值,因此高速缓冲区的大小为 98B。而由于 R 为 $5{\times}5$ 的地图分块矩阵,则 R 内所有地图分块的 w 值可组成 $5{\times}5$ 的矩阵。高速缓存需要记录 R 的中心地图分块 w_{22} 值在高速缓存中的位置 (k,l),其中 k 和 l 分别为高速缓存矩阵的行列索引,且有 $0 \leq k \leq 6, 0 \leq l \leq 6$。则 R 的任意地图分块 $w_{u'v'}$ 值(u' 和 v' 分别为 R 的 w 值矩阵的行列索引,且有 $0 \leq u' \leq 4, 0 \leq v' \leq 4$)在高速缓存中的位置为 $(u'-2+k, v'-2+l)$。当 $2 \leq k \leq 4$ 且 $2 \leq l \leq 4$ 时,不需要更新高速缓存,否则必须更新。

通过引入高速缓存,内存中不必再为子索引区域分配 32KB 的存储空间,而只需分配 98B 的高速缓存空间,其空间利用率至少为 $25 49 \approx 0.51$。而 98B 的连续存储空间通常可以完全加载到 CPU 的二级缓存中,减少了数据的换入换出次数,从而提高了缓存系统的性能。

4.4.3　缓存淘汰策略

缓存系统的设计存储容量为 1024 个地图分块。当缓存已经存储了 1024 个地图分块数据后,又要存储新的地图分块数据时,必然要删除原有的一些地图分块数据,而具体删除哪些地图分块数据则为本节讨论的内容,即缓存的淘汰策略。

本书所设计的缓存系统采用 FIFO(先进先出)淘汰策略。在索引文件的头部包含一个 FIFO 列表,列表中每个元素记录了地图分块 $a_{r'_u c'_v}$ 的信息,即 $a_{r'_u c'_v}$ 所在 $A_{r'c'}$ 的索引区域标识以及 $a_{r'_u c'_v}$ 所在 $A_{r'c'}$ 的行列索引 uv,通过以上信息即可计算出 $a_{r'_u c'_v}$ 所对应的 w 值。列表中每个元素占用 4B 存储空间,整个列表占用 4KB 存储空间。缓存系统还使用一个变量 nextIndex 记录列表中下一个元素的索引值,取值范围为 $[0, 1023]$。假设变量 fifo 表示 FIFO 列表,则将新地图分块存入缓存的算法如下:

if(fifo[nextIndex & 1023] = =0)

　　此时缓存系统还有空闲空间,不需要淘汰地图分块

else{

　　将新地图分块数据写入 nextIndex 所指向的地图分块数据区域

　　nextIndex = (nextIndex + 1) & 1023;

}

从以上伪码不难看出,淘汰地图分块的时间复杂度为 $O(1)$。关于缓存淘汰策略,除了 FIFO 之外,还可使用 LRU 或 LFU 淘汰策略,本书之所以采用 FIFO 策略,主要是考虑其占用存储空间少且执行速度快。若使用 LRU 或 LFU,则需记录地图分块的访问状态(访问次数或访问时间),这会占用更多的存储空间,且在淘汰地图分块时需要检索分块列表,执行速度也较 FIFO 慢。以 LRU 为例,此时索引文件头部需要包含一个 LRU 列表,列表中的每个元素至少要占用 12B 存储空间,其中 4B 存储分块索引,另外 8B 则存储上一次访问时间,总的存储空间为 12KB,比 FIFO 多占用了 2 倍的存储空间。缓存淘汰时,需要扫描整个 LRU 列表,其时间复杂度为 $O(n)$。LRU 和 LFU 可在一定程度上降低缓存的置换频率,它们比较适合随机访问的应用场景。而对于车载导航应用,用户访问地图分块的随机性不明显,车辆总是沿着道路行驶,很难出现短时间内重复访问某些地图分块的情形。因此综合来看,使用 FIFO 策略是合适的。

4.4.4　实验结果分析

缓存系统使用 Java 编程语言开发。测试环境的硬件为 ASUS T91MT,表 4 - 1 所示为具体配置情况。

表 4 - 1　缓存测试环境配置

CPU	双核处理器:Intel(R) Atom(TM) CPU Z520 @ 1.33GHz
内存	875MB
磁盘	29GB 固态硬盘
操作系统	Ubuntu 10.10 (maverick)
内核版本	Linux 2.6.35 - 24 - generic

对于时间跨度较小的操作,如访问内存,测试方法采用周期计数法[106],需要通过 JNI 调用与平台相关的 C 语言代码获得 CPU 时钟周期数。对于时间跨度较大的操作,如访问网络或磁盘操作,则计算操作前后的时间差,单位为 ms。

图 4.4 所示为加法、移位、乘法等基本操作的测试结果。纵轴为时钟周期数,横轴为测试序号(第 n 次测试),测试方法为计算连续执行 10 次相同基本操作所需时钟周期。从图中不难看出加法操作速度最快,平均为 344.8 个时钟周期;移位操作次之,平均为 375.0 个时钟周期;乘法操作则最慢,平均为 396.4 个时钟周期。

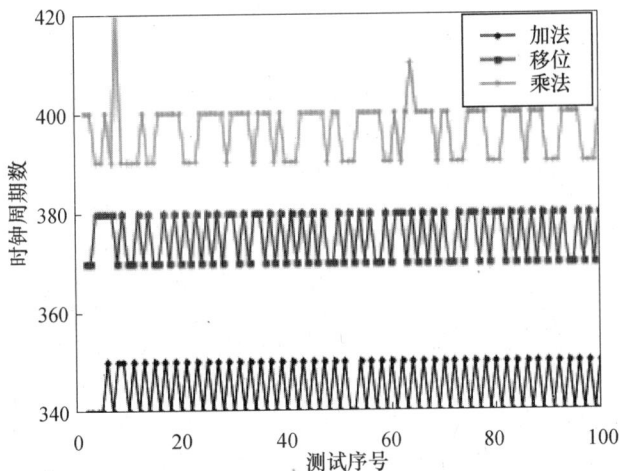

图 4.4　基本操作实验结果

为了测试缓存性能,本书设计了一个 GPS 信号模拟器,该模拟器模拟车辆从地图上某个点沿着预定线路行驶到另一个点的运动过程。在模拟过程中,模拟器将以 1Hz 的频率不断产生 GPS 信号,信号的坐标均落在道路上。当车辆到达终点时,模拟器停止。导航系统每接收到 GPS 信号时,都将通过缓存系统获取地图数据,由缓存系统决定从本地或者网络获取数据。本实验的网络环境为百兆以太网。图 4.5 所示为数据完全从本地获取与完全从网络获取两种情况下的时延比较。本实验模拟线路长度 6km,导航系统共进行了 27 次数据请求,从本地获取比从网络获取用时少 15 次。本地获取平均时延为 16.1ms;网络获取平均时延为 25.4ms。

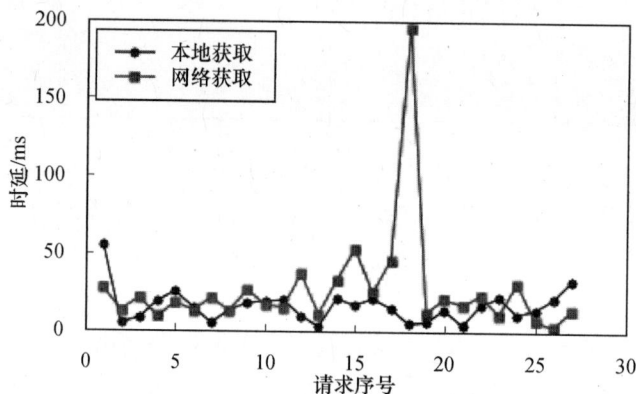

图 4.5　本地获取与网络获取数据的时延

　本书还测试了网络环境为 CDMA 时,有缓存与无缓存情况下导航系统的网络时延以及网络传输数据量,网络时延结果如图 4.6 所示。有缓存时的平均时延为 1276.0ms,数据总量为 508.28KB;无缓存时的平均时延为 4361.8ms,数据总量为 4.81MB。

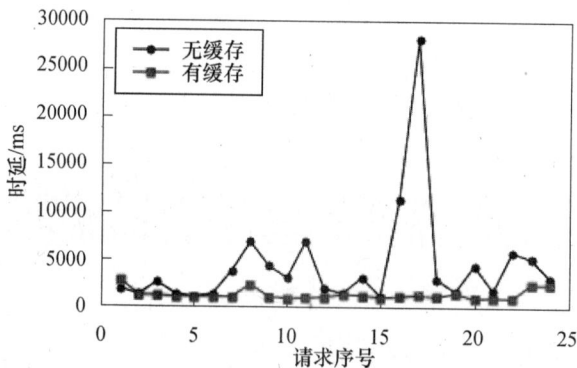

图 4.6　有缓存与无缓存情况下的网络时延

最后,测试了缓存系统在启用稀疏矩阵高速缓存与不启用高速缓存情况下,判断某地图分块是否在缓存中的时延比较,其结果如图 4.7 所示。有高速缓存时的平均时延为 8404.5 个时钟周期;无高速缓存时的平均时延为 20694.6 个时钟周期。此外无高速缓存时系统时延的波动也较有高速缓存时更大。

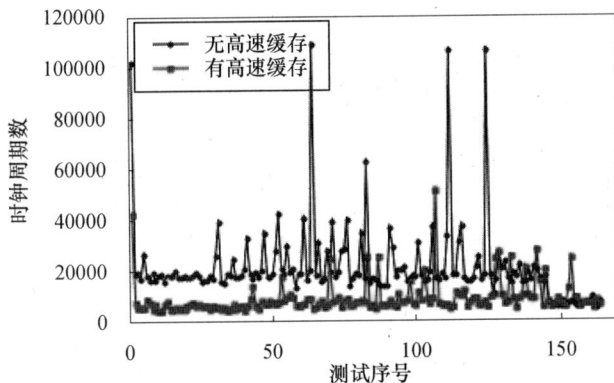

图 4.7 启用与不启用稀疏矩阵高速缓存时获取数据时延

4.5 缓存预取策略

缓存系统对改进客户端的地图显示性能确有帮助,但仅缓存每次所需的地图分块是不够的。如果缓存系统能够预测下次可能需要的地图分块,并将其提前存入缓存中,则能更显著地改进地图显示性能。

现假设两个缓存设计方案:方案一为上文设计的缓存系统,每次缓存以当前地图分块为中心的 25 个分块(5×5 地图分块矩阵);方案二为按需缓存,每次缓存以当前地图分块为中心的 9 个分块(3×3 矩阵)。之所以称方案二为按需缓存,是因为地图显示系统每次所需的地图分块数为 9。

假设 t 时刻车辆所在分块为 a_{ij},则按方案一设计的缓存系统需缓存的地图分块为

$$A_1^{(t)} = \begin{pmatrix} a_{(i+2)(j-2)} & \cdots & a_{(i+2)(j+2)} \\ \vdots & \ddots & \vdots \\ a_{(i-2)(j-2)} & \cdots & a_{(i-2)(j+2)} \end{pmatrix}$$

方案二需缓存的地图分块为

$$A_2^{(t)} = \begin{pmatrix} a_{(i+1)(j-1)} & \cdots & a_{(i+1)(j+1)} \\ \vdots & \ddots & \vdots \\ a_{(i-1)(j-1)} & \cdots & a_{(i-1)(j+1)} \end{pmatrix}$$

地图显示系统所需的地图分块为

$$A_d^{(t)} = \begin{pmatrix} a_{(i+1)(j-1)} & \cdots & a_{(i+1)(j+1)} \\ \vdots & \ddots & \vdots \\ a_{(i-1)(j-1)} & \cdots & a_{(i-1)(j+1)} \end{pmatrix}$$

假设在未来某个时刻 t' 车辆从分块 a_{ij} 行驶到 $a_{i(j+1)}$，则方案一需缓存的分块为

$$A_1^{(t')} = \begin{pmatrix} a_{(i+2)(j-1)} & \cdots & a_{(i+2)(j+3)} \\ \vdots & \ddots & \vdots \\ a_{(i-2)(j-1)} & \cdots & a_{(i-2)(j+3)} \end{pmatrix}$$

方案二需缓存的分块为

$$A_2^{(t')} = \begin{pmatrix} a_{(i+1)(j)} & \cdots & a_{(i+1)(j+2)} \\ \vdots & \ddots & \vdots \\ a_{(i-1)(j)} & \cdots & a_{(i-1)(j+2)} \end{pmatrix}$$

地图显示系统所需的分块为

$$A_d^{(t')} = \begin{pmatrix} a_{(i+1)(j)} & \cdots & a_{(i+1)(j+2)} \\ \vdots & \ddots & \vdots \\ a_{(i-1)(j)} & \cdots & a_{(i-1)(j+2)} \end{pmatrix}$$

对比上述矩阵，不难发现，方案一需缓存的地图分块始终比显示所需的分块多，而方案二需缓存的分块始终与显示所需的分块相同。这一差别将对系统性能产生不同的影响。在 t' 时刻，显示所需地图分块 $A_d^{(t')}$ 都已包含在 $A_1^{(t)}$ 中，即按方案一的设计，导航系统在 t' 时刻不必等待缓存系统获取地图分块 $A_1^{(t')}$ 即可将地图显示出来。方案二则不同，由于 $A_d^{(t')}$ 的所有分块并不都包含在 $A_2^{(t)}$ 中，因此导航系统必须等待缓存系统获取 $A_2^{(t')}$ 之后才能显示地图。因此，有预取的缓存系统比无预取的(按需缓存)将获得更好的性能。

现假设有另一个缓存方案(方案三)：具有理想预测能力的缓存系统，每次缓存当前及下一次所需的地图分块。根据这一假设，在 t 时刻，方案三需缓存的地图分块为

$$A_3^{(t)} = A_d^{(t)} \cup A_d^{(t')} = \begin{pmatrix} a_{(i+1)(j-1)} & \cdots & a_{(i+1)(j+2)} \\ \vdots & \ddots & \vdots \\ a_{(i-1)(j-1)} & \cdots & a_{(i-1)(j+2)} \end{pmatrix}$$

对比方案二,方案三在 t' 时刻的地图显示性能与方案二相同,但在 t 时刻少缓存 13 个地图分块,因此方案三的性能最好。

综上,具有准确预测能力的缓存预取方案性能是最优的。因此,如何提高预测的准确性也就成了缓存预取策略研究的重点,也是本书研究的重点。接下来,将首先介绍目前缓存预取策略的研究现状,然后阐述本书的预取策略(基于路网分析的启发式预取策略),最后通过一系列实验验证本策略的性能。

4.5.1 相关研究

尽管互联网的连接速度有了很大的提高,但地图数据的容量也在不断增大,相比于纯文本数据,通过互联网人们依然需要花较长时间来传输地图数据。为了提高导航应用或 GIS 应用的性能,除了缓存当前系统所需的数据之外,另一个有效的措施就是预取将来可能用到的数据[109]。

文献[45]提出了一种位置感知的预取机制,该机制是为欧洲水路联网信息系统设计的。由于此系统的用户通常都是沿着主要河流航行,因此,通过利用河道信息、船的速度和方向即可预测出用户的航行路线。文献[110]提出了一种基于希尔伯特曲线的预取算法,该算法将二维空间中的欧氏距离通过希尔伯特曲线映射到一维空间,从而在一定程度上减少了预取的数据量。这一方法的出发点是用户访问模式具有空间局部性,即用户请求与当前访问对象空间上临近的那些对象的可能性更高。此算法对用户行为的预测完全是基于空间距离,离当前访问对象越近则访问概率越高,而对距离相同的对象则无法给出准确预测。文献[111]提出了两种预取方法:一种是基于概率的,通过结合相邻分块的转移概率和屏幕中心在当前分块的位置来预测将来可能访问的分块;另一种是基于前 k 步移动特征的,将前 k 步的移动序列作为当前状态,通过马尔可夫链对状态转移建模,从而预测下一步要访问的分块。这两种方法本质都是基于概率的,需要对大量数据统计来求得转移概率,比较适合应用于服务端缓存。文献[46]对文献[111]中的基于概率的预取方法做了改进,提出了基于 Zipf 分布的马尔可夫预取模型,该模型的转移概率矩阵不再针对所有分块,而是根据 Zipf 分布特点,选取用户频繁访问的分块作为中心分块,从而有效降低了转移概率矩阵的规模,减少了存储空间。文献[41]提出了一种启发式的预取策略,该方法根据前 k 步的移动情况和前 k 步的缓存命中率情况来推测将要请求的分块,相比于文献[111]中的基于前 k 步移动特征的预取方法,此预取方法的时间相关性更强,更适合有规律的导航应用。

上述方法(除了文献[45]提出的方法外)均不考虑地图数据中的背景地理信息,而文献[45]也仅考虑了地图数据中的河流信息。除了这些方法外,还有一类方法,这类方法认为背景地理信息驱动了用户对地图数据的访问,因此在预测数据访问行为时应将背景地理信息考虑在内。文献[112]提出了一个预测模型用于确定地图中的热点区域,该模型主要利用了居住区、主干道、海岸线、兴趣点等背景地理信息,模型输出为布尔型的向量集。文献[113]改进了文献[112]的方法,应用普通最小二乘回归模型来确定地图分块的访问概率,该方法能根据用户访问情况自动确定有用的背景地理信息。文献[114]对文献[113]做了改进,回归模型使用了人工神经网络,该模型也可应用于缓存置换[115]。上述基于背景地理信息的预取方法一般用于服务端缓存,且较适合地图漫游类的客户端应用。

综上,文献[41]的预取策略更适合本书的应用环境,因为在车载导航应用中,车辆绝大多数情况下是沿着道路行驶的,有很强的规律性,因此前 k 步的移动情况对预测下一步的移动是很有用的。本书对文献[41]的方法做了改进,借鉴了基于背景地理信息的预取方法的思想,引入了路网分析,提出了基于路网分析的启发式预取策略。

4.5.2 启发式预取策略

本书的预取策略以文献[41]的策略为基础。为了更好地描述启发式预取策略,需要定义如下变量:

d:历史移动列表的容量。算法在每次移动时(进入某一分块时),便将该分块的行列索引分别记录到先进先出的链表中。

h_e:列索引链表。每当车辆进入某一分块时,便将该分块的列索引存入此链表。如果插入数据之前,链表容量为 d,则先将表头元素删除之后再在表尾插入新元素。

h_s:行索引链表。

hitRatio:缓存命中率链表。该链表记录每次移动时的缓存命中率。

利用上述变量,可计算出如下变量:

$$Easting = \sum_{i=1}^{d-1} (h_e[i+1] - h_e[i]) \times hitRatio[i+1]$$

$$Southing = \sum_{i=1}^{d-1} (h_s[i+1] - h_s[i]) \times hitRatio[i+1]$$

Easting 和 Southing 包含了两种信息:前 $d-1$ 步横向(Easting)或纵向(Southing)移动预测的准确性;前 $d-1$ 步横向或纵向移动的稳定性。根据 Easting 和 Southing 的取值可以预测下一步的移动方向。通过观察可以发现,Easting 和 Southing 的值与 d 的取值有一定关系。如果前 $d-1$ 步的移动比较稳定,则 d

越大,Easting 和 Southing 就越大。这会给预测带来一些麻烦,因为不同的 d 值会影响 Easting 和 Southing 的阈值选取。为此,需要对 Easting 和 Southing 进行归一化处理,将 Easting 和 Southing 改写如下:

$$Easting = \frac{\sum_{i=1}^{d-1}(h_e[i+1]-h_e[i]) \times hitRatio[i+1]}{\sum_{i=1}^{d-1}(h_e[i+1]-h_e[i])}$$

$$Southing = \frac{\sum_{i=1}^{d-1}(h_s[i+1]-h_s[i]) \times hitRatio[i+1]}{\sum_{i=1}^{d-1}(h_s[i+1]-h_s[i])}$$

若上式中分母为 0,则等式不成立,可直接为 Easting 或 Southing 赋值为 0。对于改写后的 Easting,若 Easting$\geqslant$0.5,则预测车辆将向东行驶,进入右侧分块;若 Easting <-0.5,则预测车辆将向西行驶,进入左侧分块;若 $-0.5\leqslant$Easting$<$0.5,则预测车辆不会发生东西向的行驶,其进入的分块列索引将不发生改变。同理,对于改写后的 Southing,若 Southing$\geqslant$0.5,则预测车辆将向南行驶,进入下方分块;若 Southing <-0.5,则预测车辆将向北行驶,进入上方分块;若 $-0.5\leqslant$Southing$<$0.5,则预测车辆不会发生南北向的行驶,其进入的分块行索引将不发生改变。

预测出车辆将要进入的分块后,则可通过如下规则计算出需要预取的分块:

假设 t 时刻系统中已缓存的分块集合为 $S^{(t)}$,中心分块为 a_{ij},根据 Easting 和 Southing 的值可预测未来 t' 时刻中心分块的行列索引为:$i' = i - \lfloor Southing + 0.5 \rfloor$,$j' = j + \lfloor Easting + 0.5 \rfloor$,$t'$ 时刻的中心分块可能为 a_{ij}、$a_{i'j}$、$a_{i'j'}$。一旦确定了(预测)t' 时刻的中心分块,则 t' 时刻系统所需的分块集合为

$$\begin{aligned} A_d^{(t')} = \{a_{xy} | &\min(i-1,i'-1) \leqslant x \leqslant \max(i+1,i'+1), \\ &\min(j-1,j'-1) \leqslant y \leqslant \max(j+1,j'+1)\} \end{aligned} \tag{4.1}$$

t 时刻系统需要预取的分块集合为 $A_d^{(t')} - S^{(t)}$。

4.5.3　基于路网分析的启发式预取策略

4.5.3.1　预取算法

文献[41]的预取策略仅考虑了历史移动情况和历史预测情况,并不对用户的移动条件作任何限制。当用户移动比较有规律时(不是完全随机的地图漫游),该策略能获得较高的预测准确性。如果用户移动有规律且移动条件受限制时,通过引入移动限制条件,则能进一步提高预测准确性。

车载导航应用符合用户移动有规律且移动条件受限这一假设。在车载导航应用中,车辆一般沿着道路行驶。若某分块中无道路,则不会发生从其相邻分块到该分块的移动;若分块 a_{ij} 与其相邻分块 $a_{i'j'}$ 之间无道路连接,则不会发生从 a_{ij} 到 $a_{i'j'}$ 的移动。可见,车载导航应用中用户移动是受路网限制的,因此,在启发式预取策略中加入对路网的分析,将有助于提高缓存预取性能。

为了实现本书的预取策略,要满足两个先决条件:路网数据和地图匹配。这两个条件对于目前绝大多数导航系统而言都已是必备条件。路网数据是地图匹配算法的一个输入,在导航系统中它与地图数据一样都是分块存储的,且同样适用缓存系统和缓存预取策略。地图匹配算法将在第 5 章详细阐述。本节假定已获知车辆当前所行驶的道路及车辆的行驶方向,且地图数据和路网数据的分块方式是一样的,则缓存预取算法可描述如下:

(1)确定 t 时刻车辆所在分块的行列索引 i 和 j,获取车辆所在分块的路网数据。

(2)根据车辆所在道路及其行驶方向,确定路网搜索的起点和方向,在当前分块的路网数据内搜索路口。

(3)如果未找到路口,则沿着道路可确定车辆在 t' 时刻($t' > t$)将要进入的分块的行列索引 i' 和 j',进一步可预测 t' 时刻系统所需的分块集合为

$$A_d^{(t')} = \{ a_{xy} \mid i' - 1 \leqslant x \leqslant i' + 1, j' - 1 \leqslant y \leqslant j' + 1 \}$$

(4)否则(搜索到路口),一方面,沿着通过路口后的道路可确定车辆在 t' 时刻将要进入的分块集合,以这些分块为中心,可预测 t' 时刻系统所需的分块集合 $A_{d1}^{(t')}$;另一方面,根据 Easting 和 Southing 的值可预测 t' 时刻中心分块的行列索引 i' 和 j',并根据式(4.1)计算系统所需的分块集合 $A_{d2}^{(t')}$。结合两个分块集合可得:$A_d^{(t')} = A_{d1}^{(t')} \cap A_{d2}^{(t')}$。

(5)从集合 $A_d^{(t')}$ 中删除 t 时刻已缓存的分块即为 t 时刻需要预取的分块。

上述算法对启发式预取策略的应用是在步骤(4)中,即在搜索到路口的情况下,才需要启发式预取策略,否则直接沿着道路搜索即可确定 t' 时刻的中心分块。此外,本算法在步骤(4)中也不是直接应用启发式预取策略,而是综合了启发式预取策略的预测结果与路网搜索的预测结果。本算法的关键是路网搜索,同时,由于路网结构的复杂性,路网搜索也是一个难点,其中的关键是路口识别。

4.5.3.2　路网结构

路网结构是路网搜索和路口识别的基础,本节将对其作简要描述。路网是一个由节点和路段组成的图结构,如图 4.8 所示。节点分为形状点(如图中的实心节点 n_1 和 n_2,它们最多连接两条路段)和路口点(如图中的空心点 n_3 和 n_4,它

们连接的路段数都大于 2)。路段通常是有方向的,路段的方向决定了车辆的行驶方向。此外,本书还引入了路链的概念。路链 L 为一个路段序列 $<s_i,s_j,\cdots,s_k>$,其中每个路段的终止节点都是下一路段的起始节点,且除了 s_i(起始节点)和 s_k(终止节点)外,所有节点均为形状点。在路网模型中,通常对于比较宽的道路会

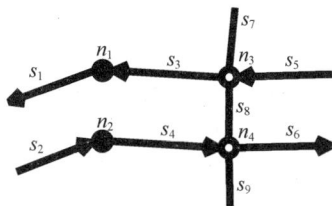

图 4.8　路网结构示意图

用两条或多条路链表示,如 $<s_3,s_1>$ 与 $<s_2,s_4>$。而对于比较窄的道路则用一条路链表示,如 $<s_7>$、$<s_8>$ 以及 $<s_9>$,且路段 s_7、s_8、s_9 均无方向,即车辆在这些路段上可以双向行驶。

4.5.3.3　路口识别

根据路网结构定义,路口点所连接的路段数均大于 2,但在实际的路网结构中,连接路段数大于 2 的节点却未必会是路口点。以图 4.8 为例,假设 t 时刻车辆所在路段为 s_2,并沿着路段方向行驶,则根据路网结构很容易能判断出前方路口为 n_4。假设 n_4 在当前路网分块的范围之外,则根据本预取算法可预测车辆将沿着路链 $<s_2,s_4>$ 向东行驶,并确定 t' 时刻的中心分块,最终计算出 t 时刻需要预取的分块。

比较复杂的情形如图 4.9 所示,假设此时车辆所在路段为 s_2 并沿着路段方向行驶,路网结构显示前方节点 n_2 为路口点,但实际上 n_2 并非路口,即只要车辆没有做大的转向机动(如从 s_2 通过 n_2、n_1 进入 s_1),则车辆仍将沿着路链 $<s_2,s_4>$ 行驶。此时,缓存系统需要预取的分块将与上例相同。可见,起决定作用的路口依旧是 n_4。

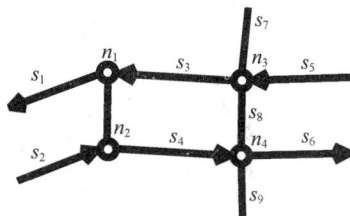

图 4.9　路网结构示意图

以图 4.9 所示的路网结构为例,缓存预取算法在进行路网搜索时,最重要的是寻找类似 n_3 和 n_4 这样的真路口点,或者说排除 n_1 和 n_2 这样的假路口点。研究发现,这两类路口点之间的区别在于:n_3 和 n_4 这类节点可以使车辆不再沿着原来行驶的方向行驶,新方向与原方向之间的差值较大,并且新方向将延续一段距离,这段距离一般大于 n_3、n_4 或者 n_1、n_2 之间的路段长度。

本书设计了一个算法来识别真路口点。考虑到路网结构的复杂性,本算法的目标是不会将真路口点识别为假路口点。为了更好描述算法,需要引入几个变量:

（1）n:待确定的路口点；

（2）h_n:与 n 相连的路段的方向，n 是路段的终点；

（3）h_{ni}:与 n 相连的路段的方向，n 是路段的起点，i 为路段编号；

（4）s_{ni}:以 n 为起点的路段，i 为路段编号。

算法执行步骤如下：

步骤 1:根据车辆行驶方向和车辆所在路段的方向确定路网的搜索方向。

步骤 2:搜索路网直到找到路口点 n。

步骤 3:扩展节点 n。以节点 n 为起点扩展所有路段，计算所有路段的方向与 h_n 的夹角，并记录夹角最小的路段的方向 h_{nx}。

步骤 4:将路段 $s_{ni}(i \neq x)$ 加入集合 S。

步骤 5:从集合 S 中依次取出所有路段，以路段终点为起点扩展路段，将所有不与 h_n 或 h_{nx} 平行的路段加入集合 S。

步骤 6:从集合 S 中依次取出所有路段，如果路段长度大于路口 n 的最大路段宽度，则 n 为真路口点，算法结束，否则继续执行步骤 5。

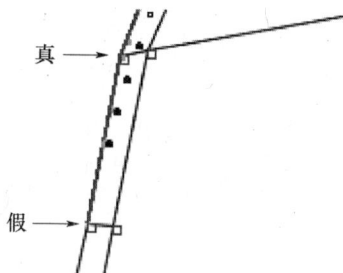

图 4.10　测试结果局部截图

为了测试算法，进行了实际路面测试。共测试路口 135 个，其中真路口 97 个。使用路网着色方法来分析测试结果:用空心点表示假路口，实心点表示真路口。图 4.10 为测试结果的局部截图。测试结果表明，算法正确识别出了所有的真路口。

4.5.4　实验结果分析

本节将通过实际路面测试比较本书的预取策略与文献[41]的预取策略的性能。主要比较两个指标:缓存命中率和请求的地图分块数。缓存命中率反映了导航系统的响应速度，而请求的地图分块数则反映了系统所需的数据资源。为了加快系统的响应速度，可以通过增加数据的方法实现，如全预取策略。但这并不是一个好的方案，因为更多的数据意味着要占用更多的网络带宽资源、存储资源和计算资源,而占用资源过多反过来容易导致系统响应变慢。因此,好的预取策略应能使用更少的数据获得更高的缓存命中率。

缓存命中率的计算会在中心分块更新时进行。由于系统所需的地图分块矩阵是一个 3×3 的矩阵,因此在计算缓存命中率时,只需扫描该分块矩阵,统计矩阵中已经存在的地图分块数量 n,则 $n/9$ 即为缓存命中率。

除了缓存命中率,本实验也会在同一时刻计算请求的地图分块数,计算过程为:首先根据预取策略确定下一次的中心分块集合,然后遍历集合中的中心分块,将它及与它相邻的 8 个分块加入请求分块集合,最后从请求分块集合中删除已经存在的地图分块,则集合中剩余的分块数量即为请求的地图分块数。

本实验的测试设备为 ASUS T91MT,表 4 − 2 为具体配置情况。测试数据集为实际路面测试时采集的 GPS 数据,共有两个数据集,每个数据集的采样频率均为 1Hz。数据集 1 的测试里程为 18.23km,GPS 点 2960 个。数据集 2 的测试里程为 11.58km,GPS 点 2370 个。

表 4 − 2 缓存预取测试环境配置

CPU	Intel(R) Atom(TM) CPU Z520 @ 1.33GHz
Memory	993.3MB
Disk	28.4GB SSD
OS	Ubuntu 12.04
Kernel Version	3.5.0

分别应用本书的预取算法(以下简称算法 1)和文献[41]的预取算法(以下简称算法 2)对数据集进行测试,计算缓存命中率及请求的地图分块数。这样可以得到 4 组测试结果:算法 1 的缓存命中率 H_1、算法 2 的缓存命中率 H_2、算法 1 的请求分块数 M_1 和算法 2 的请求分块数 M_2。通过分析 $H_1 - H_2$ 及 $M_1 - M_2$ 可比较两个算法的性能。

分别应用两个算法测试数据集 1,将 $\Delta H(\Delta H = H_1 - H_2)$ 中的每个分量的值绘制到二维坐标系可得图 4.11(纵轴为 ΔH 值),从图中不难看出 $\Delta H > 0$(其中 2 个分量的值大于 0,其余分量均为 0),实际上 H_1 各分量的均值为 0.957,H_2 各分量的均值为 0.950,ΔH 各分量的均值为 0.007,算法 1 的缓存命中率平均比算法 2 高 0.007,提高的幅度为 0.73%;将 $\Delta M(\Delta M = M_1 - M_2)$ 中各分量的值绘制到二维坐标系可得图 4.12(纵轴为 ΔM 值),图中点的纵坐标有正有负,总体来看,负值多于正值,且负值的绝对值普遍大于正值,实际上 M_1 各分量的和为 193,M_2 各分量的和为 201,ΔM 各分量的和为 − 8,算法 1 的请求分块总数比算法 2 少 8 个分块,减少的幅度为 3.98%。

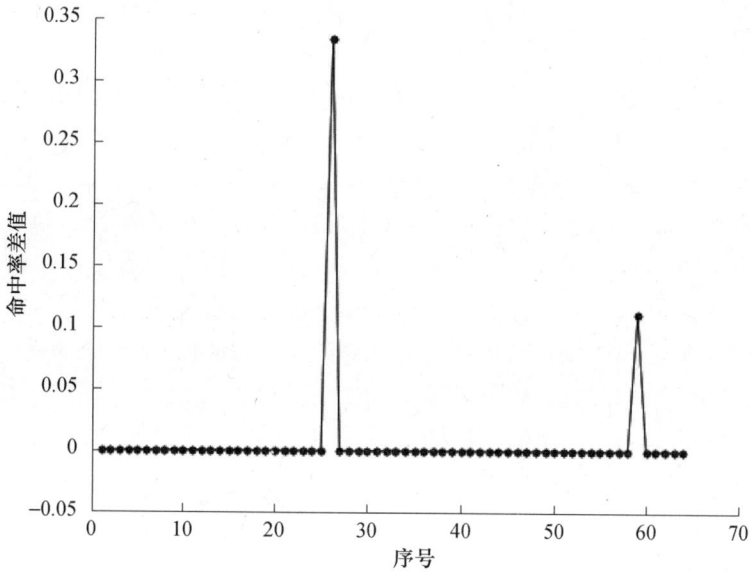

图 4.11 测试数据集 1 上算法 1 与算法 2 的缓存命中率差值

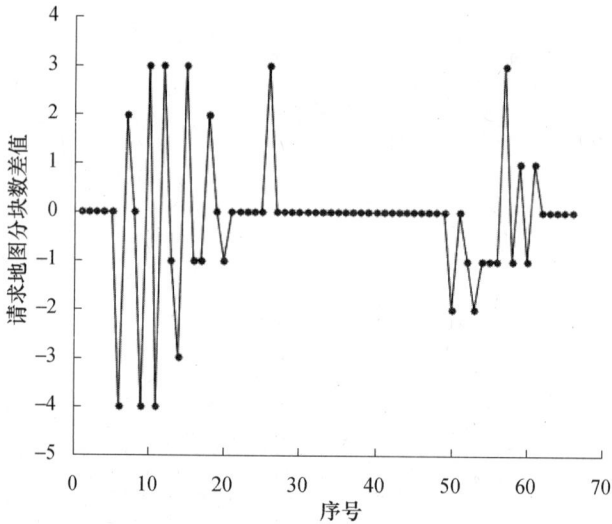

图 4.12 测试数据集 1 上算法 1 与算法 2 的请求分块数差值

再用同样的方法测试数据集 2，将 ΔH 中的每个分量的值绘制到二维坐标系可得图 4.13，图中有 1 个分量的值大于 0，其余分量均为 0，实际上 H_1 各分量的均值为 0.947，H_2 各分量的均值为 0.940，ΔH 各分量的均值为 0.007，算法 1 的缓存命中率平均比算法 2 高 0.007，提高的幅度为 0.74%；将 ΔM 中各分量的值绘制到二维坐标系可得图 4.14,从图中可以明显看出 ΔM 中负值分量多于正值分量,且负值分量的绝对值普遍大于正值分量,实际上 M_1 各分量的和为 123,M_2 各分量的和为 147,ΔM 各分量的和为 -24,算法 1 的请求分块总数比算法 2 少 24 个分块,减少的幅度为 16.33%。

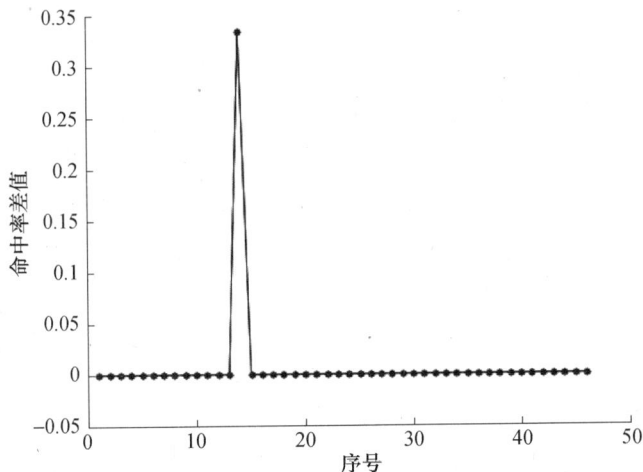

图 4.13　测试数据集 2 上算法 1 与算法 2 的缓存命中率差值

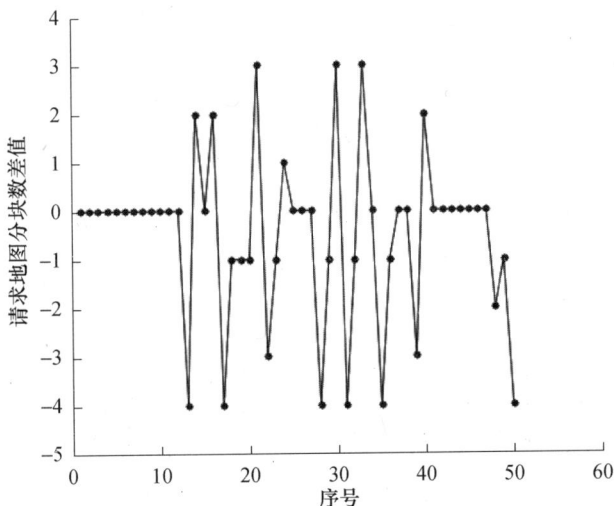

图 4.14　测试数据集 2 上算法 1 与算法 2 的请求分块数差值

综合以上两个数据集的测试结果,可得算法 1 的平均缓存命中率为 0.953,算法 2 的平均缓存命中率为 0.945,算法 1 的平均缓存命中率比算法 2 高

0.0071,提高的幅度为 0.75% ;算法 1 的请求地图分块总数为 316,算法 2 的请求地图分块总数为 348,算法 1 的请求地图分块总数比算法 2 少 32,减少幅度为 9.2%。

4.6　本章小结

　　由于地图数据和路网数据的特殊结构,本书为其专门设计了基于地图分块的缓存系统,给出了缓存系统的总体结构,并对缓存系统的地图数据结构、索引结构、高速缓存结构及相关算法进行了详细设计,通过实验验证了缓存系统对于改善动态车载导航系统性能的作用,它可以加快系统的响应速度,减少网络传输数据量。为了进一步提升缓存系统性能,研究了缓存预取策略,提出了基于路网分析的启发式缓存预取策略,该策略利用路网分析的结果来修正启发式预取策略的预测结果。实验表明,本书的预取策略比单纯的启发式预取策略具备更优的性能,在不降低缓存命中率的同时有效减少缓存系统所需的数据量。同时,由于路网分析一般由导航模块实现,预取策略完全可以利用导航模块输出的计算结果,因此,就整个导航系统而言,应用本策略并不增加额外的计算量。

第5章　地图匹配

5.1　引　言

在第1章和第2章中均提到地图匹配是车载导航系统的一大核心功能,4.5节也展现了地图匹配在提高地图缓存性能方面的重要作用。此外,文献[116 – 119]等也提出地图匹配是车辆追踪、交通流量监控、旅行时间预测、路线规划等智能交通应用的基础。可见地图匹配在动态车载导航系统中的重要地位。只有确定车辆所行驶的道路,导航系统才能为驾驶员提供准确的导航信息。

简单说来,地图匹配问题可描述为如何将一个或一组随机的 GPS 点定位到最可能的路段(线段)上。目前已有不少文献针对此问题进行了专门研究。早期的研究主要集中于几何分析方法,以及几何分析结合路网分析的方法,但由于几何分析方法固有的局限性,导致匹配准确率的提升受到了限制。从而,人们开始研究基于概率理论、模糊逻辑理论和证据理论等非几何分析的方法,收到了较好的效果。尽管有了更高级的匹配方法,路口、平行路段等场景依然是匹配的难点,匹配错误率较高[119 – 121]。为此,有文献[117,118,120]提出可以在匹配算法中引入路段宽度来解决复杂路网环境下匹配性能不佳的问题。本书即是借鉴了这种思想,在匹配算法中引入路段宽度、GPS 精度和路网精度等信息,提出了路口决策域模型,并应用该模型改进目前受广泛关注的基于隐马尔可夫模型(HMM)的匹配算法,从而提升路口匹配性能。

本章首先对地图匹配算法做了广泛且深入的分析,确定了目标是改善实时匹配算法的路口匹配性能,并确定了本章要改进的目标算法为基于 HMM 的匹配算法。接下来,对基于 HMM 的匹配算法作了介绍,然后重点阐述了基于路口决策域模型的匹配算法,最后通过实际路面测试对算法的性能作了分析。此外还对算法的延迟匹配问题作了分析,提出了解决该问题的方法。

5.2　相关研究

文献[122],[123]介绍了一些匹配算法,这些算法都是基于几何分析的方法。如,将 GPS 点定位到距离最近的路网节点(点到点匹配),或定位到距离最近的路段(点到曲线匹配),或将 GPS 轨迹匹配到距离最近的一组路段上(曲线到曲线匹配)。除了纯粹的几何分析方法之外,文献[122],[123]中的一些算法也应用了路网分析的方法。应用路网分析后,算法可分为初始匹配和后续匹配两个部分,初始匹配应用几何分析方法确定匹配路段,而后续匹配则根据上次匹配结果,结合路网分析来选取候选路段,候选路段为上次匹配路段以及与其直接相连的路段集合,一旦确定候选路段,则可根据几何分析选择最佳匹配路段。文献[123]的测试结果显示,纯粹的几何分析算法和几何分析结合路网分析的算法,它们的匹配性能差别不大,匹配准确率一般在 66% ~ 86% 之间,而且路口处极易出错,这也是导致匹配准确率不高的一个重要原因。上述文献所提出的算法一般应用于实时匹配,在这种应用场景下,GPS 信号的采样率较高,且匹配算法只要收到 GPS 信号就立即进行地图匹配并输出匹配结果。与此相对的是非实时匹配,此时采样率相对较低,且匹配算法并非对每个 GPS 信号都输出匹配结果,而是在收到一定数量的信号后才输出结果。文献[124]提出了一种非实时匹配算法,该算法通过计算车辆行驶轨迹曲线与道路曲线之间的距离进行匹配,不同于曲线到曲线匹配,该算法应用 Fréchet distance 计算曲线间距离,但这种算法的时间和空间复杂度较高,并且由于该算法本质也是几何分析,因此无法完全摆脱几何分析方法的缺陷。

考虑到几何分析方法对几何轮廓、测量噪声和采样率敏感,不少学者在研究中引入了一些非几何方法。文献[125],[126]应用 MHT 方法改进候选路段选取过程,不同于文献[122],[123]的候选路段选取过程,MHT 方法并不假定之前匹配路段是正确结果,而是将之前的候选路段均作为本次路网分析的基础,以此构造新的候选路段集。MHT 方法有利于避免连续的错误匹配(第 k 次的错误匹配导致第 $k+1$ 次也错误),对于改善路口及平行道路环境下的匹配性能有一定作用。文献[116]提出了基于模糊逻辑理论的匹配算法,该算法也分为初始匹配和后续匹配两个阶段,这两个阶段首先应用几何分析和路网拓扑分析计算系统的输入值,然后将输入转化为模糊隶属度,最终在模糊隶属度上应用模糊规则完成匹配。此算法最重要的是确定模糊隶属度及模糊规则,涉及不少参数,这些参数值的确定可以通过经验和构造神经网络对样本进行训练来获得。该算法的一个弊端就是初始匹配花费时间较长(30s),而且后续匹配一旦出问题就要重新启动初始匹配。文献[117]提出了基于区间分析和证据理论的匹配算法,该算法考虑了路网拓扑和道路宽度,应用区间分析对道路宽度和 GPS 误差建模,并计算 Mass 函数,然后应用证据理论的组合规则合并两类证据(一类是预测证据,基于路网拓扑分析得出;一类是观察证据,基于区间分析得出),最后根据组合后的证据确定匹配路段。该算法在路网拓扑分析时所用的方法与 MHT 方法的思想是一致的。相比于文献[122],[123]

等所使用的几何分析方法,该算法的匹配性能提高了大约11%。近年来,基于隐马尔可夫模型(HMM)的地图匹配算法受到了很多研究人员的关注[118,127-130]。该类算法应用几何分析方法计算观测概率,应用路网拓扑分析及几何分析计算状态转移概率,最后借助维特比算法(Viterbi)或改进的维特比算法选择匹配路段。此类算法的最大优点就是对于异常数据不敏感。此外,在低采样率时,算法也有不错的性能表现。如文献[118]报道,当采样间隔在 50～100s 之间时,匹配准确率能达到85%左右,而在高采样率时,算法甚至能达到95%的准确率。

综上所述,几何分析是地图匹配算法的基础,即使在引入了非几何分析的那些高级算法中,几何分析所计算的数值都是算法的重要输入。路网拓扑分析是提高地图匹配性能的重要途径,尤其是基于 MHT 思想的路网拓扑分析。目前来看,基于区间分析和证据理论的匹配算法以及基于 HMM 的匹配算法在路网拓扑分析上均具备 MHT 的特征。路网精度和道路宽度已成为匹配算法的重要参考因素[119]。基于 HMM 的匹配算法对于测量噪声和采样率均不敏感,适合于实时匹配及非实时匹配。在非实时匹配方面,该类算法具备修正历史错误的能力,且与基于 Fréchet distance 的匹配算法相比,其计算复杂度较低。目前,基于 HMM 的匹配算法的研究主要集中于低采样率环境下的非实时匹配[118,127,128],此类算法可应用于动态导航系统的服务端以监控车辆行驶路线或交通流量。相反,导航系统的客户端需要的是适应高采样率的实时匹配算法。尽管基于 HMM 的匹配算法适应这一需求,但与非实时匹配不同的是,匹配算法无法通过修正历史错误来提高准确率。如在 k 时刻,匹配算法给出了错误结果,对于非实时匹配而言,匹配算法可以通过后续收集的数据来修正 k 时刻的错误,修正后的结果可作为正确结果;而对于实时匹配,k 时刻的错误即使被修正,也无法作为正确结果来对待。针对高采样率的实时匹配,匹配算法需要特别关注容易导致匹配出错的路口环境,因为路口匹配性能是制约匹配算法性能的关键因素[119]。本书研究的匹配算法以 HMM 为基础,在匹配结果中引入了路口这一元素,并提出了路口决策域这一关键概念,此概念涉及路口决策域模型以及路口决策域内的匹配算法。接下来,首先介绍要改进的基于 HMM 的匹配算法。

5.3　基于 HMM 的匹配算法

5.3.1　相关定义

路网结构

4.5.3.2 节已经给出了路网结构的定义,它是一个由顶点和边组成的图结构：

$$G = (V, E) \tag{5.1}$$

式中：V 为顶点集合；E 为边集合。V 中每个顶点可定义为 $v = (vid, lg, lt, Eids)$，其中 vid 为顶点编号，lg 和 lt 分别为顶点的经度和纬度，$Eids$ 为以 v 为端点的所有边的编号的集合。E 中每条边可定义为 $e = (eid, vid_f, vid_t)$，其中 eid 为边的编号，vid_f 和 vid_t 分别为起始顶点的编号和终止顶点的编号。

行驶轨迹

行驶轨迹可定义为一系列 GPS 点的集合：

$$T = (p_i \mid i = 1, 2, \cdots, n) \tag{5.2}$$

p_i 的内容根据 GPS 传感器的特性不同而不同。对于大多数 GPS 传感器，p_i 至少包含 3 项内容：(t_i, lg_i, lt_i)，其中 t_i 为时间，lg_i 为经度，lt_i 为纬度。除了以上 3 项内容外，一些 GPS 传感器还可以获得速度 v_i 和方向 o_i 等信息。

匹配路段

匹配路段可定义为对于给定的行驶轨迹 T，它所对应的边的集合：

$$R = ((p_i, r_i) \mid i = 1, 2, \cdots, n) \tag{5.3}$$

其中 r_i 为匹配算法对 p_i 所在路段的估计值，而 p_i 实际所在路段可用 $\hat{r}_i$ 表示，则行驶轨迹 T 实际所对应的路段集合为

$$\hat{R} = ((p_i, \hat{r}_i) \mid i = 1, 2, \cdots, n) \tag{5.4}$$

匹配准确率

对于给定的行驶轨迹 T，实际行驶路线为 $\hat{R}$ 匹配结果为 R，则匹配准确率可定义为

$$A = \frac{\sum_{i=1}^{n} \theta_i}{n} \quad \theta_i = \begin{cases} 1 & if\, r_i = \hat{r}_i \\ 0 & otherwise \end{cases} \tag{5.5}$$

利用式(5.5)计算非实时匹配和实时匹配的准确率时可能得到不同的结果。对于非实时匹配，系统是在获得一定数量 GPS 点 $(p_1, p_2, \cdots, p_n)$ 之后计算匹配结果，而在实时匹配时，系统对于每个 p_i 都要计算匹配结果。那么，对于某个时刻 t_i，实时匹配会给出一个匹配结果 r_i，得出这个结果所依赖的信息是 $t_1 \sim t_i$ 时刻的所有 GPS 点 $p_1, \cdots, p_i$ 以及路网信息，而同样在 t_i 时刻，非实时匹配也将给出一个结果 r'_i，但此时匹配算法可以利用的信息是 $t_1 \sim t_n$ 时刻的所有 GPS 点 $p_1, \cdots, p_n$ 以及路网信息。由于在某个时刻，实时匹配和非实时匹配可以利用的信息量不同（算法的输入不同），因此可能导致匹配结果不同，即 $r_i \neq r'_i$，从而得到不同的匹配准确率。

5.3.2　算法简述

隐马尔可夫模型(HMM)已经应用在许多领域中,比较常见的应用有语音识别,词性标注等。此处简单介绍下 HMM。该模型的基础是马尔可夫链,即在给定当前知识或信息的情况下,只有当前的状态用来预测将来,过去(当前以前的历史状态)对于预测将来(当前以后的未来状态)是无关的。马尔可夫链的性质用公式可表示为

$$P(X_{n+1} = x \mid X_0, X_1, X_2, \cdots, X_n) = P(X_{n+1} \mid X_n)$$

X_n 的值是 n 时刻的状态。也就是说在给定状态 X_n 的前提下,X_{n+1} 的状态只跟 X_n 有关,跟之前的 $n-1$ 个状态是无关的。

所谓的隐马尔可夫模型就是上述马尔可夫的状态是不可见的,而受状态影响的某些变量(可观察到的现象)可见。如图 5.1 所示,x_{t-1}, x_t, x_{t+1} 符合马尔可夫过程,但是却观察不到,而 y_{t-1}, y_t, y_{t+1} 是能够观察到的变量,但受各自状态变量的影响。

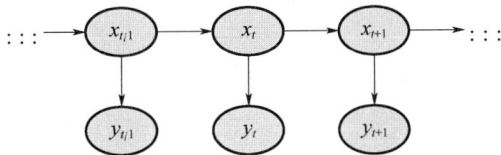

图 5.1　隐马尔可夫模型的演化

结合上述说明和图 5.1,可以得到 HMM 的 5 个基本要素:

(1) HMM 的状态变量数目:N;

(2) HMM 的观察变量数目:M;

(3) 状态转移概率矩阵(对应图 5.1 中 x_t 之间的连线):$A = [a_{ij}]_{N \times N}$,其中 $a_{ij} = P(x_{t+1} = j \mid x_t = i)$,$1 \leq i, j \leq N$;

(4) 观测概率矩阵(对应图 5.1 中 x_t 与 y_t 之间的连线):$B = [b_{jk}]_{N \times M}$,其中 $b_{jk} = P(y_t = k \mid x_t = j)$,$1 \leq j \leq N$,$1 \leq k \leq M$;

(5) 初始状态概率向量:$\vec{\pi} = (\pi_i)$,其中 $\pi_i = P(x_t = i)$,$1 \leq i \leq N$。

如果将 HMM 应用于地图匹配,则状态变量为车辆实际所在的路段,而观察变量为 GPS 传感器输出。HMM 上述 5 个基本要素中,状态变量集合由路网分析实时确定,因而状态变量数目 N 是变量,而观察变量为某时刻 GPS 传感器输出,因而观察变量数目 M 为 1。

观测概率矩阵的计算方法一般由 GPS 点到路段距离的高斯分布确定,如文献[127 - 129]中,概率的计算方法为

$$P(p_t|r_i) = \frac{1}{\sqrt{2\pi}\sigma}\exp\left(-0.5\left(\frac{\|p_t - z_{t,i}\|}{\sigma}\right)^2\right) \tag{5.6}$$

式中：p_t 为 t 时刻 GPS 输出的位置；r_i 为候选路段；$z_{t,i}$ 为点 p_t 在路段 r_i 上的投影点；σ 为 GPS 精度。文献[118]对式(5.6)做了改进，引入了路段宽度：

$$P(p_t\mid r_i) = \frac{1}{2w}\int_{-w}^{w}\frac{1}{\sqrt{2\pi}\sigma}\exp\left(-0.5\left(\frac{x - \|p_t - z_{t,i}\|}{\sigma}\right)^2\right)dx \tag{5.7}$$

式中：w 为路段宽度的一半。引入宽度后，一个明显的改进在于，$P(p_i|r_i)$ 的值已不能完全由 GPS 点到候选路段的距离来决定，而必须综合考虑距离以及路段宽度。在式(5.6)中，如果 GPS 点到某路段的距离越大，则 GPS 点在该路段上的可能性越小，而在式(5.7)中，若路段宽度较大，则 GPS 点在该路段上的可能性未必很小。式(5.7)比式(5.6)更符合实际情况，但它需要知道路段宽度（并非所有路网数据中都包含路段宽度信息）。如果将 w 设置成常量，则宽度信息将不起作用，式(5.7)就退化成了式(5.6)。式(5.7)有一个小的缺陷，即它实际并非概率，因为式中有一个 $\frac{1}{2w}$。进一步优化式(5.7)，将其改写为

$$P(p_t\mid r_i) = \int_{-w}^{w}\frac{1}{\sqrt{2\pi}\sigma}\exp\left(-0.5\left(\frac{x - \|p_t - z_{t,i}\|}{\sigma}\right)^2\right)dx \tag{5.8}$$

状态转移概率可由路网分析得出，或由路网分析结合 GPS 输出共同计算得出。如文献[127]由下式计算状态转移概率：

$$P(r_{t+1,j}|r_{t,i}) = \beta\times\exp(-\beta\times|\|p_t - p_{t+1}\| - \|z_{t,i} - z_{t+1,j}\||) \tag{5.9}$$

式中：$P(r_{t+1,j}|r_{t,i})$ 表示车辆从 t 时刻所在路段 r_i 移动到 $t+1$ 时刻所在路段 r_j 的转移概率；β 为待定系数，其值可由大量样本训练得出；$\|p_t - p_{t+1}\|$ 为 t 时刻 GPS 点与 $t+1$ 时刻 GPS 点之间的距离；$\|z_{t,i} - z_{t+1,j}\|$ 为 t 时刻 r_i 上的投影点到 $t+1$ 时刻 r_j 上的投影点之间的距离，该距离为路线距离。式(5.9)可以简化或扩展，如文献[128]将其简化为

$$P(r_{t+1,j}|r_{t,i}) \propto \exp(-\beta\times|\|z_{t,i} - z_{t+1,j}\||) \tag{5.10}$$

之所以如此简化，是因为该文献的作者认为式(5.9)使得状态转移概率与观测变量相关，违背了 HMM 的假设。但实际上 z_{t+1} 也是通过观测变量计算出来的，因此式(5.10)也与观测变量间接相关。文献[130]，[131]提出了完全基于路网分析确定状态转移概率的方法（转移概率的计算与观测变量无关），但该方法可能导致所有候选路段获得相同的转移概率，从而使状态转移概率对匹配结果毫无贡献。文献[118]对式(5.9)做了扩展，引入了动量改变，扩展后的方法比较适合采样率较低的非实时匹配，因为在实时匹配时，该方法倾向于对路口处直行的状态转移给予较大的转移概率（直行时动量改变较小）。综上，本书将使用

式(5.9)计算转移概率。

初始状态概率为初始时刻的观测概率,由式(5.6)可计算出 $P(p_0|r_i)$。

一旦确定了 HMM 的 5 个基本要素以及一系列观察变量(GPS 数据),即可借助 Viterbi 算法求解最可能的状态序列(匹配路段)。由于 Viterbi 算法的时间复杂度为 $\Theta(n\,m^2)$,空间复杂度为 $\Theta(nm)$,其中 n 为观察变量数目,m 为状态变量数目,则对于 n 和 m 较大的应用场景(非实时匹配),Viterbi 算法会占用较多的计算资源及存储资源。为提高 Viterbi 算法的性能,可以使用在线 Viterbi 算法[132,133]。文献[118]对在线 Viterbi 算法做了改进,提出了有界可变滑动窗口方法(BVSW),进一步降低了算法对计算及存储资源的需求。本书的算法借鉴了 BVSW 思想,结合实时匹配特点以及路口决策域模型,调整了可变滑动窗口边界设定规则,以适应实时匹配,提高路口匹配性能。具体规则为

(1) 在路口决策域外:将可变滑动窗口边界设置为 1。因为实时匹配不涉及修正历史错误,因此只需保留上一次的状态变量。

(2) 在路口决策域内:扩展滑动窗口边界,使其可以容纳路口决策域内的所有状态变量,通过获得更多的状态信息以提高路口匹配的准确率。

5.4　基于路口决策域模型的匹配算法

5.4.1　路口问题

当车辆当前所在的局部路网结构较为简单,如不在路口附近时,匹配算法能获得较好的匹配效果。最简单的情况如图 5.2 所示,根据 GPS 数据获知车辆所在位置为点 p,而在点 p 一定范围内只有一条道路,则即使使用纯粹的几何分析算法,如点到曲线的匹配算法,也可得出车辆当前所在路段为 s。

稍复杂些的情况如图 5.3 所示,车辆当前行驶在一条较宽的道路上,而路网模型中对于较宽的道路通常用至少两条路链表示。此时,匹配算法只能产生两种匹配结果,即将点 p 匹配到路段 s_1 上或者 s_2 上。如果匹配时考虑到 GPS 中的方向信息,则能

图 5.2　车辆当前位置及
其附近的路网结构

产生更精确的匹配结果。退一步说,即使匹配出错了,如车辆行驶在 s_2 而匹配算法却匹配到了 s_1,对于导航系统来说,也不会有大问题。因为 s_2 与 s_1 均属于同一道路,而导航系统进行地图匹配的主要目的是为驾驶员提供引导服务,如前方一定距离内是否有路口,到路口时的转向等,按照这个要求,点 p 匹配到 s_2 或 s_1 均可。

匹配过程中最易出错的情况就是当车辆行驶到路口附近时。如图 5.4 所示,点 p_1、p_2、p_3 为先后 3 个时刻的 GPS 位置,其中最易出错的为点 p_2、p_3。而路口匹配又是最重要的,如果路口匹配错误,则会对导航系统的后续工作产生一定影响。假设车辆实际行驶在路链 $<s_4, s_6>$ 上,而导航系统将 p_3 点匹配到了路段 s_8,由于 s_8 与 s_6 并不在同一道路,因此导航系统将产生错误的提示信息。

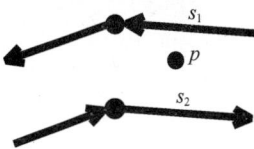

图 5.3　车辆当前位置及
其附近的路网结构

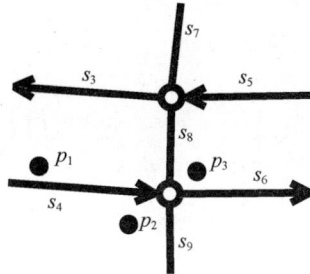

图 5.4　车辆当前位置及
其附近的路网结构

本书对基于 HMM 的匹配算法在路口处的匹配性能作了专门测试,测试算法为文献[127]和文献[128]所提出的算法,测试数据集为实际路面测试采集的 GPS 数据,测试总里程约 30km。在所有 145 个路口中,应用文献[127]的算法匹配出错的路口有 20 个,错误率达 13.8%;应用文献[128]的算法匹配出错的路口有 46 个,错误率达 31.7%。由此可见,如果不对路口进行特别处理,导航系统的可靠性将受到很大影响。在测试过程中,通过对路网结构着色的方法对测试结果进行分析,图 5.5、图 5.6 均为测试结果的局部截图。图中红色路段表示导航系统计算的匹配路段,黑色点表示某时刻从车辆 GPS 传感器获取的位置信息。从图中可以较为明显地看出匹配错误,尤其是在图 5.6 中,由于立交桥的路网结构非常复杂,路口较多,导航系统出现了 5 次匹配错误。

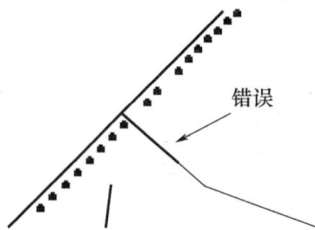

图 5.5　普通路口测试局部截图

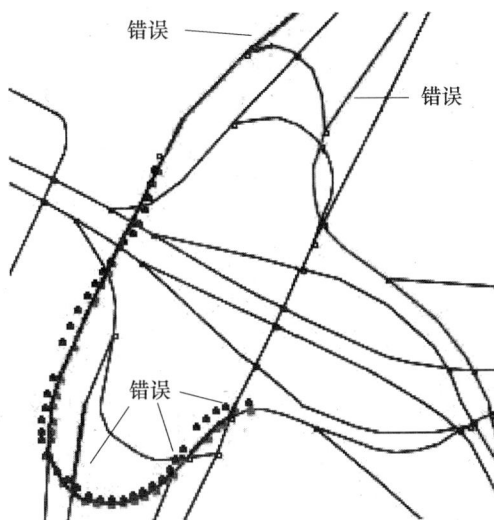

图 5.6　立交桥测试局部截图

5.4.2　路口决策域模型

为解决上述路口问题,文献[120]提出了一个方案,该方案为路段定义了最大长度,以此判断车辆是否驶出某路段,这样在路口处,导航系统不会立即将 GPS 匹配到新的路段上,只要 GPS 点在路口的某个范围内,则导航系统会将 GPS 匹配到路口。该方案的基础是路段宽度,即进行地图匹配的原因之一是路网结构中的路段是无宽度的。从图 5.5、图 5.6 中可以看出,黑色点通常并不落在路段上,之所以会出现这种情况,并不完全因为 GPS 有误差,另一个重要的原因是路网结构中的路段都是线段,线段是无宽度的,而实际道路是有宽度的,因此需要在路网结构中为路段添加宽度信息。这样当车辆从某一路段通过路口进入另一路段时,导航系统并不会立即将 GPS 点定位到新路段上。如图 5.7 所示,当车辆的 GPS 信息出现在 p_3 点时,假设导航系统经过计算,p_3 应匹配到路段 s_6 的 p'_3,但此时导航系统并不会立即将 p'_3 作为最终的匹配结果,除非 p'_3 到路口的距离大于路段 s_4 的宽度,否则导航系统将路口点作为最终匹配结果。

上述方案相当于为路口设置了一个决策域,当 GPS 点出现在此决策域内时,导航系统并不立即输出匹配结果,而是不断收集 GPS 信息,这样当 GPS 点出现在决策域外时,导航系统就能够做出更准确的匹配。

本书的方案对文献[120]中的方案做了改进,修改了路口决策域的计算方法,使其更具合理性。文献[120]要求所有和路口相连的路段的宽度已知,且决

策域取值为前一路段宽度的 1/2。但这种假设
过于理想化。首先,很多时候路网数据中并无
路段宽度信息。如本书所使用的路网数据中,
所有路段都无宽度信息,而只有道路等级信息,
这种信息无法精确描述路段宽度。此外,仅将
决策域取值为前一路段宽度的 1/2 也不合理,除
非与路口相连的路段夹角均为 90 度且路网数据

图 5.7　车辆行驶轨迹及
其附近路网结构

与 GPS 数据均无误差,但这两个条件在实际应用中却很难得到满足,无论路网
数据还是 GPS 数据都是存在误差的[134]。

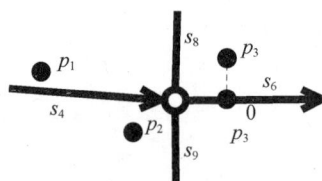

以图 5.8 的场景为例,实线表示各路段的
实际位置,虚线表示其在路网数据中的位置。
图 5.8 所示为平移误差,路段 s_8 与 s_8' 之间距
离表示路段 s_8 的误差,近似也可表示路段 s_9
或路口 c 的误差。p_1、p_2、p_3 分别表示车辆在
t_1、t_2、t_3 时刻 GPS 位置。从图中可以看出当车
辆行驶到 p_2 位置时,如果使用实际道路进行

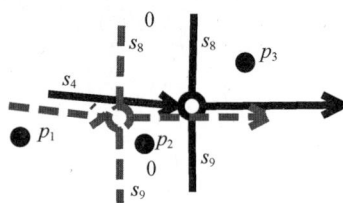

图 5.8　路网结构平移误差示意图

匹配可确定其在路段 s_4,而使用路网数据进行匹配则可能为路段 s_9'。之所以出
现这种错误,除了 GPS 误差之外,路网数据误差也是一个重要原因。现假设
$e(t)$ 表示 t 时刻的 GPS 误差,$e'(c)$ 表示路口 c 的误差,$l(c)$ 为路口 c 的宽度,则
可以为图 5.8 中的虚线路口 c 定义 t 时刻的决策域为

$$r(c,t) = e(t) + e'(c) + l(c) \tag{5.11}$$

式中:$r(c,t)$ 表示 t 时刻路口 c 的决策域半径。

式(5.11)是与路口及时间相关的函数。在实际应用中,可以使用 GPS 精度
σ 表示 t 时刻 GPS 误差,用路网精度 σ' 表示路口 c 的误差,则式(5.11)可改写为

$$r(c) = \sigma + \sigma' + l(c) \tag{5.12}$$

式(5.12)即为本书所使用的路口决策域模型,该模型与时间无关,只与路口相
关,因此只需求解式中的分量 $l(c)$ 即可确定路口 c 的决策域。$l(c)$ 的求解与路
口处路段夹角与路段宽度相关。如图 5.9 所示,假设车辆从路段 r_1 驶入路口,
从路段 r_2 或 r_3 驶出,路段 r_2 和 r_3 的宽度相同,均为 w,路段 r_2 和 r_3 的夹角为 α,
则路口 c 的宽度可由下式计算:

$$l(c) = \frac{\frac{1}{2}w}{\sin\left(\frac{1}{2}\alpha\right)} \tag{5.13}$$

若路段 r_2 和 r_3 的宽度不同,则无法根据式(5.13)算出路口 c 的宽度。此时,可以将路段 r_2 向下平移一段距离 $\frac{1}{2}w_{r_2}$ 得到新的直线 r'_2(假设路段 r_2 的宽度为 w_{r_2}),将路段 r_3 向上平移一段距离 $\frac{1}{2}w_{r_3}$ 得到新的直线 r'_3(假设路段 r_3 的宽度为 w_{r_3}),然后求解直线 r'_2 与 r'_3 的焦点 c',并计算路口 c 与 c' 之间的距离即可得出路口 c 的宽度 $l(c)$。当然,使用这种方法计算路口宽度将比使用式(5.13)计算更复杂,如果路段 r_2 和 r_3 的宽度差别不大,如 $\left|w_{r_2} - w_{r_3}\right|$ 的值小于等于 2m,即 $\left|\frac{1}{2}w_{r_2} - \frac{1}{2}w_{r_3}\right|$ 的值小于等于 1m,则可将式(5.13)改写为

$$l(c) = \frac{\frac{1}{2}\max(w_{r_2}, w_{r_3})}{\sin\left(\frac{1}{2}\alpha\right)} \tag{5.14}$$

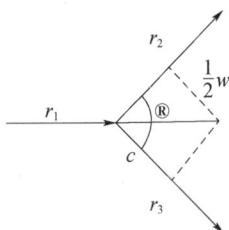

图 5.9　计算路口宽度的示意图

5.4.3　基于路口决策域模型的匹配算法

本书的地图匹配算法基于 HMM,采用 Viterbi 算法求解状态变量。由于算法的应用环境为实时匹配且引入了路口决策域模型,因此对 Viterbi 算法做了改造,在求解状态变量时并不保留所有历史状态,仅保留上一次匹配的状态变量(不在路口决策域内时)或路口决策域内的状态变量。整个算法分为 3 个部分:初始匹配(InitialMatching),如表 5 - 1 所列;后续匹配(SubsequentMatching),如表 5 - 2 所列;路口匹配(JunctionMatching),如表 5 - 3 所列。

表 5 - 1　InitialMatching 算法描述

输入	路网 G, t 时刻 GPS 点 p_t,候选路段集合 CR,集合中每个元素是一个向量,向量为 $(r_{t,i}, z_{t,i}, \delta_{t,i}, bp_{t,i}, R_{t,i})$,其中:$r_{t,i}$ 为 t 时刻候选路段,$z_{t,i}$ 为 $r_{t,i}$ 上距离 p_t 最近的点,$\delta_{t,i}$ 为局部概率,$bp_{t,i}$ 为后向指针(用于 Viterbi 算法),$R_{t,i}$ 为上一路段集合(根据路网拓扑扩展到当前路段的所有上一路段)。

（续）

输出	t 时刻的匹配路段
算法步骤	（1）以 p_t 为中心，一定长度为半径设定误差区域（误差半径设定可以是：GPS 精度 + 路网精度 + 道路宽度，如民用 GPS 精度一般在 20m 以内[119]，本书取最大值 20m，道路精度可以和 GPS 一样也是 20m，双车道道路宽度近似用 10m 表示，则误差半径为 50m）。 （2）将所有与误差半径相交的路段作为候选路段加入集合 CR，同时计算 p_t 到每条候选路段的距离 $\|p_t - z_{t,i}\|$。 （3）若 CR 为空，则输出结果为空，算法结束。 （4）应用式（5.8）（若路段宽度已知）或式（5.6）（若路段宽度未知）计算 p_t 到 CR 中每条路段的观测概率，并将其作为局部概率 $\delta_{t,i}$。 （5）从上一步的局部概率中选择最小值，其对应的路段即为 t 时刻的匹配结果。

表 5 – 2　SubsequentMatching 算法描述

输入	路网 G，t 时刻 GPS 点 p_t，候选路段集合 CR
输出	t 时刻的匹配路段集合
算法步骤	（1）以 CR 中 $t-1$ 时刻的候选路段为起点，根据路网拓扑扩展路段，计算 p_t 到扩展路段的最短距离 $\|p_t - z_{t,i}\|$，若此距离大于误差半径，则不将扩展路段加入集合 CR，否则将扩展路段作为 t 时刻的候选路段加入集合 CR，并将每个候选路段的所有前一路段加入集合 $R_{t,i}$。 （2）若上一步没有候选路段加入 CR，则删除 CR 中的所有候选路段，输出匹配结果为空，算法结束。 （3）为每个新加入的候选路段计算局部概率 $\delta_{t,i}$，计算公式为：$\delta_{t,i} = \max_j(\delta_{t-1,j} P(r_{t,i}\mid r_{t-1,j}) P(p_t\mid r_{t,i}))$，式中 $\delta_{t-1,j}$ 必须来自 $R_{t,i}$ 中的路段，$P(r_{t,i}\mid r_{t-1,j})$ 由式（5.9）计算；此外，还需计算前向指针，计算公式为：$bp_{t,i} = \arg\max_j(\delta_{t-1,j} P(r_{t,i}\mid r_{t-1,j}))$。 （4）若 CR 中包含大于两个时刻的候选路段集合（表明 $t-1$ 时刻车辆在路口决策域内），则选择最小的 $\delta_{t,i}$，将其对应的路段作为 t 时刻的匹配结果加入匹配路段集合，同时根据前向指针将之前的候选路段也加入匹配路段集合；否则，直接选择最小的 $\delta_{t,i}$，将其对应的路段作为 t 时刻的匹配结果加入匹配路段集合。 （5）从 CR 中删除 $t-1$ 时刻及其之前的候选路段。

表 5 – 3　JunctionMatching 算法描述

输入	路网 G，t 时刻 GPS 点 p_t，候选路段集合 CR，$t-1$ 时刻匹配路段 r_{t-1}
输出	t 时刻的匹配路段或匹配节点

（续）

算法步骤	（1）同 SubsequentMatching 中的步骤（1）。 （2）同 SubsequentMatching 中的步骤（2）。 （3）同 SubsequentMatching 中的步骤（3）。 （4）从新加入的候选路段中选择 $\delta_{t,i}$ 值最小的，若它与 r_{t-1} 相同或者与 r_{t-1} 属于同一路链，则将此路段作为 t 时刻的匹配路段，算法结束；否则，将路口作为 t 时刻的匹配节点。

以上 3 个部分在整个算法流程中的位置如图 5.10 所示。InitialMatching 的有两个触发条件：其一是候选路段集合为空，当满足此条件时表明导航系统之前未进行任何匹配，如第一次接收到 GPS 数据时；另一个触发条件是匹配结果为空，此时 JunctionMatching 和 SubsequentMatching 输出的匹配结果为空，导航系统需要启动 InitialMatching 来获得匹配结果。

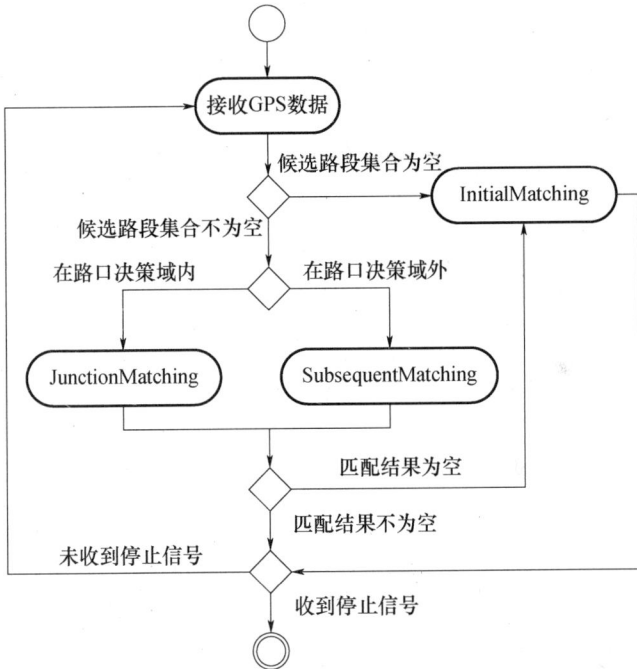

图 5.10　基于路口决策域模型的匹配算法的流程

从图 5.10 中可以看出，本书的算法主要是增加了 JunctionMatching 以及进入它之前对路口决策域的判断。如果从流程图中去掉 JunctionMatching 及其之前的判断，则流程图就与基于 HMM 的匹配算法的流程图一致（这仅是从流程图的角度来说，本书的算法对 SubsequentMatching 也做了改动，但这些改动并未体现在流程图中）。算法并不对观测概率和状态转移概率的计算方法作出限定。

在实际应用中,可以根据实际情况确定它们的计算方法,如使用文献[127]或文献[128]的计算方法。此外,路口决策域的范围也必须根据实际情况确定,假定GPS误差和路网误差都极小以至于可以忽略不计,则路口决策域的范围完全由路段宽度及路段夹角确定,此时路口决策域的范围与文献[120]的范围接近,但实际应用中很难出现这种情况,因此使用这种决策域对匹配性能的提升并不十分明显,下面的实验也将验证这一点。

5.5　实验结果分析

5.5.1　实验方法

本书的算法是对基于 HMM 的匹配算法的改进,因此选择了两个比较有代表性的基于 HMM 的匹配算法作为改进的对象:文献[127]的算法和文献[128]的算法。这两个算法的主要区别在于转移概率的计算方法不同,前者比较符合人们的经验判断,而后者是对前者的简化,更符合 HMM 的假设。将本书的路口决策域模型分别应用于文献[127]和文献[128]的算法,可形成两个新的算法,将它们分别命名为:文献[127]的改进算法一;文献[128]的改进算法一。此外,上文提到了另一种定义路口决策域范围的方法,该方法与文献[120]的方法类似,即不考虑 GPS 精度及路网精度,完全由路段宽度和路段夹角来计算路口决策域范围。同时也应用了这种路口决策域定义方法来改进文献[127]和文献[128]的算法,并将改进后的新算法分别命名为:文献[127]的改进算法二;文献[128]的改进算法二。

至此,构建了两组测试算法:第一组以文献[127]的算法为基础,包括文献[127]的算法、文献[127]的改进算法一和文献[127]的改进算法二;第二组以文献[128]的算法为基础,包括文献[128]的算法、文献[128]的改进算法一和文献[128]的改进算法二。

5.5.2　实验数据

本书共测试了两个 GPS 数据集,其一是文献[127]公开的数据集(以下简称数据集 1),该数据集的测试地点是在美国华盛顿州西雅图市,总测试里程约80km,共 7531 个 GPS 点,采样率为 1Hz,数据集 1 也被文献[128]所使用;另一个数据集(以下简称数据集 2)是本书采集的实际路面测试数据,测试地点在中国吉林省长春市,总测试里程约 30km,共 5330 个 GPS 点,采样率为 1Hz。

除了 GPS 数据,要完成地图匹配,还需要路网数据。对于数据集 1,文献

[127]公开了路网数据(以下简称路网数据1),而对于数据集2,则使用本书的路网数据(以下简称路网数据2)。这两个路网数据均对路段(或由路段组成的路链)和节点设置了编号,便于构建路网结构及计算匹配准确率。此外,它们均不包含路段宽度信息,路网数据2中仅有部分路段设置了道路等级,因此,只能估算路段宽度,且对所有路段设置相同宽度。

5.5.3 参数确定

对于计算观测概率和状态转移概率时所需的参数,可使用文献[127]或文献[128]的方法加以确定。尤其对于数据集1,可直接引用这两个文献中的参数值。

路口决策域(式(5.12))中的参数有3个分量:σ 与式(5.8)中的 σ 符号相同,含义相同,可以使用文献[127]或文献[128]的方法计算;σ' 则可等于 σ,因为可以假定路网也是使用 GPS 设备所采集的数据来绘制的,二者有相同的精度;$l(c)$ 则需要根据具体情况确定。可见,路口决策域中需要重点关注的参数是 $l(c)$,而要确定 $l(c)$,必须知道路段宽度与路段夹角。如果路网数据中有路段宽度,则可直接引用,否则只能根据相关的道路标准来假设。对于路网数据1,通过查阅美国道路标准[135],[136]可知车道宽度一般为3.6m左右,考虑到一条路段通常由双车道组成(单向双车道或双向双车道)及可能的余量,实验时可以设置路段宽度为8m;而对于路网数据2,通过查阅中国公路工程技术标准[137]可知车道宽度一般为3.75m左右,与美国标准相近,因此也可将路段宽度设置为8m。有了路段宽度,通过式(5.13)或式(5.14)就可计算 $l(c)$。以文献[127]为例,σ 为4.07m,σ' 等于 σ 也为4.07m,路段宽度为8m,假设路口处路段夹角为90°,则路口决策域为:$4.07 + 4.07 + 0.5 \times 8 \times \sqrt{2} \approx 13.8$m。

5.5.4 结果分析

由于本书的算法主要更改了路口决策域内的匹配策略,因此实验过程中专门统计了路口决策域内的 GPS 点个数(n_{jdd}),路口决策域内的匹配错误数(e_{jdd}),并计算了路口决策域内的匹配准确率($(n_{jdd} - e_{jdd})n_{jdd}$)。

本书分别应用两组算法对两个数据集做了测试。数据集1的测试结果如表5-4所列。表中有两个算法被标记为"(一)",该标记表示使用了改进算法一的决策域(本书的决策域)来统计 e_{jdd} 和 n_{jdd},由于这两个统计量与决策域的范围有关,因此在统计时需要明确决策域的范围。同理,标记"(二)"表示使用了改进算法二的决策域(类似文献[120]的决策域)来统计 e_{jdd} 和 n_{jdd}。

通过分析表5-4的统计数据,可以得出以下结论:①在基于HMM的匹配算法中应用路口决策域模型是能有效改善匹配性能的,不论是使用本书的路口决策域还是类似文献[120]的决策域,匹配性能均有提升(总匹配错误数和路口决策域内的匹配错误数都是下降的,同时总匹配准确率和决策域内的匹配准确率都是上升的)。②本书的路口决策域比类似文献[120]的决策域更明显地改善了匹配性能(对于文献[127]的算法,应用本书的决策域使总匹配错误数减少了215,减少幅度为69.1%,而应用类似文献[120]的决策域使总匹配错误数减少了79,减少幅度为25.4%;对于文献[128]的算法,应用本书的决策域使总匹配错误数减少了355,减少幅度为66.9%,而应用类似文献[120]的决策域使总匹配错误数减少了130,减少幅度为24.5%)。③总匹配性能的提升完全由路口决策域内匹配性能的提升所决定,表现为总匹配错误数的减少量与e_{jdd}的减少量是相同的,也就是说基于路口决策域模型的匹配算法并不影响路口决策域外的匹配性能,这与本书算法的设计初衷是相符的,同时这也意味着在比较算法性能时,只需比较路口决策域内的相关统计量即可,即n_{jdd}、e_{jdd}和$(n_{jdd}-e_{jdd})/n_{jdd}$。

表5-4　数据集1的测试结果

匹配算法	总匹配错误数	匹配准确率	n_{jdd}	e_{jdd}	$(n_{jdd}-e_{jdd})/n_{jdd}$
文献[127]的算法(一)	311	0.959	1902	222	0.883
文献[127]的改进算法一	96	0.987	1902	7	0.996
文献[127]的算法(二)	311	0.959	564	105	0.814
文献[127]的改进算法二	232	0.969	564	26	0.954
文献[128]的算法(一)	531	0.929	1902	417	0.781
文献[128]的改进算法一	176	0.977	1902	62	0.967
文献[128]的算法(二)	531	0.929	564	225	0.601
文献[128]的改进算法二	401	0.947	564	95	0.832

再次应用两组算法对数据集2进行测试,可得表5-5所列的测试结果。分析表5-5的统计数据可以发现:应用路口决策域模型确实能减少路口附近的匹配错误数,且本书的决策域比类似文献[120]的决策域更显著地减少了该数值。对于文献[127],本书的决策域使e_{jdd}减少了34,减少幅度为65.4%,而类似文献[120]的决策域使e_{jdd}减少了9,减少幅度为17.3%;对于文献[128],本书的决策域使e_{jdd}减少了78,减少幅度为55.3%,而类似文献[120]的决策域使e_{jdd}减少了28,减少幅度为19.9%。

此外,对于在路口较多的立交桥场景,应用本书的算法只出现了1次匹配错误。立交桥测试局部截图如图5.11所示,相比于图5.6的5次错误,本书的算

98

法在复杂路网环境也有较好的性能表现。

表 5－5　数据集 2 的测试结果

匹配算法	n_{jdd}	e_{jdd}	$(n_{jdd}-e_{jdd})/n_{jdd}$
文献［127］的算法（一）	804	52	0.935
文献［127］的改进算法一	804	18	0.978
文献［127］的算法（二）	227	52	0.771
文献［127］的改进算法二	227	43	0.811
文献［128］的算法（一）	799	141	0.824
文献［128］的改进算法一	799	63	0.921
文献［128］的算法（二）	227	141	0.379
文献［128］的改进算法二	227	113	0.502

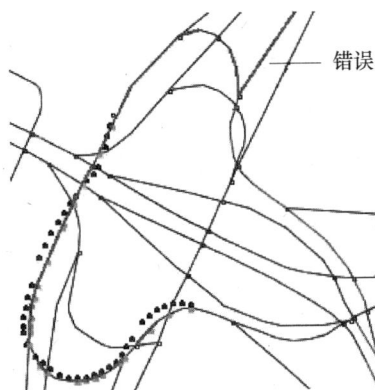

图 5.11　立交桥测试局部截图

5.6　算法改进

从实际测试来看，当车辆行驶在路口附近时，应用本书的算法可能导致匹配结果较长时间停止在路口上，这是算法所使用的路口决策域模型以及算法流程共同作用的结果。这种延迟匹配现象虽然不会影响导航系统的后续工作，但可能使用户体验不佳，因为很多时候车辆并不是停止在路口上。本节研究了车辆在路口决策域内的运动特性，通过构建车辆转向模型来解决延迟匹配问题。

在路口决策域内，车辆要么直行通过路口要么转弯，因此，通过判断车辆是否转向可以确定车辆通过路口后所行驶的路段，从而缩短匹配结果停留在路口处的时间。GPS 的方向属性可用于判断车辆是否转向。文献［138］研究显示当车辆的速度大于某一阈值时,GPS 的方向属性是比较精确的,可用于判断车辆转向。但阈值得根据具体使用的 GPS 以及误差特性来确定。

本书采集了车辆沿着道路通行方向行驶时的 GPS 数据,共 1907 个 GPS 点,以道路通行方向作为车辆实际行驶方向,计算 GPS 方向属性与实际方向的偏差,结合 GPS 速度属性,可以得到图 5.12 所示的 GPS 速度与方向偏差的关系(横轴为 GPS 速度,纵轴为方向偏差)。通过分析发现,当速度大于 0.1m/s 时,GPS 的方向属性还是比较精确的,所有方向偏差都小于 12°,其中大多数(约96.6%)小于 5°,小于 10°的占 99.9%。另外还发现,当速度小于 0.1m/s 时,GPS 方向属性值为 0,此时,方向属性不可用。

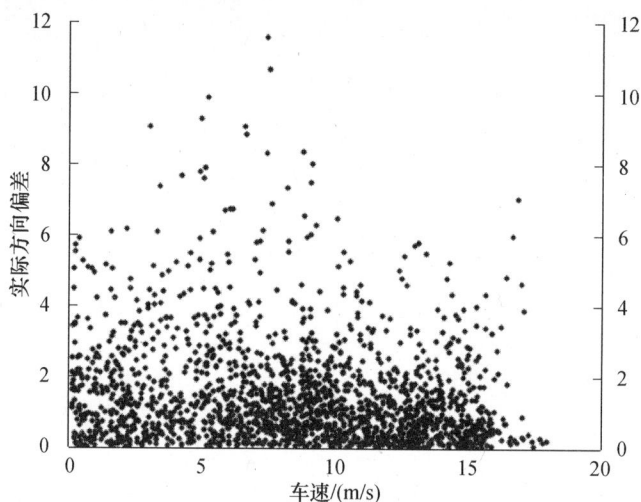

图 5.12　GPS 速度与方向偏差关系

为了确定车辆是否转向,本书分析了车辆直行及转向时采集的 GPS 数据。图 5.13 显示了车辆直行时相邻两个 GPS 方向偏差的绝对值 $|\alpha|$,在 1666 个 α 中只有一个大于 6°且不存在连续两次 $|\alpha|$ 大于 5°。还分析了 13 组车辆转向时的 GPS 数据,图 5.14 显示了其中一组数据(纵轴为方向值)。这 13 组数据的共同特点是均存在连续至少两次 $|\alpha|$ 大于 6°,且 α 的符号相同。

综合上述分析结果,当满足如下条件时,可以确定车辆正在转弯:

(1) GPS 速度大于 0.1m/s

(2) $|\alpha_t| > 6°$且 $|\alpha_{t+1}| > 6°$且 α_t 与 α_{t+1} 符号相同

(3) 在 $t+1$ 或者 $t+2$ 时刻,GPS 方向与上一时刻所在路段方向的绝对偏差大于 20°。

以上便是车辆转向模型,利用该模型可对匹配算法作出如下改进:

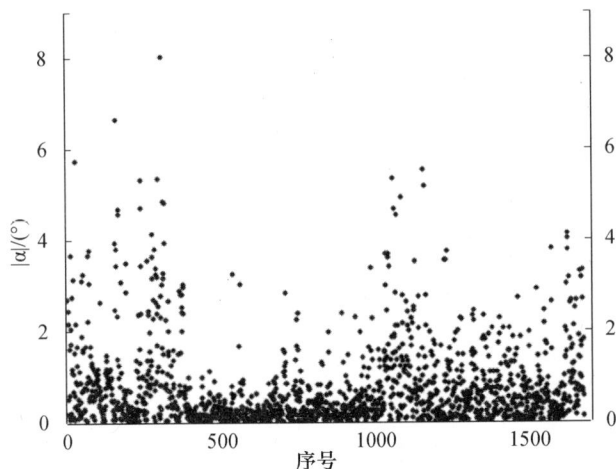

图 5.13　相邻 GPS 的方向偏差

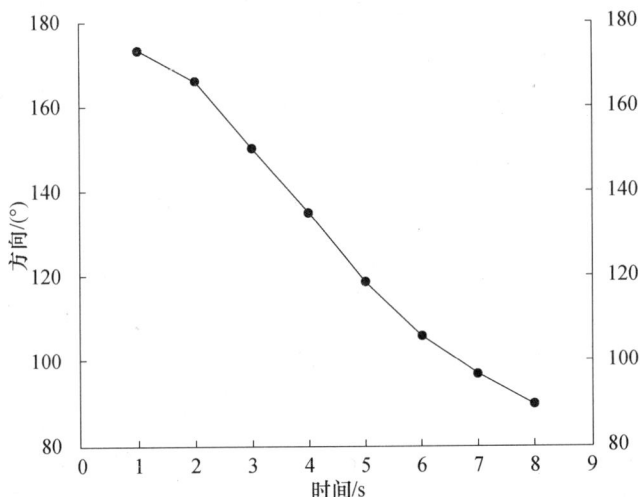

图 5.14　车辆转向时的 GPS 方向值

（1）将路口决策域分为两个部分：决策域 1 和决策域 2。决策域 1 的定义为 $r_1(c) = \sigma + l(c)$；决策域 2 的定义为 $r_2(c) = \sigma + \sigma' + l(c)$，决策域 2 与原路口决策域的定义相同。决策域 1 的范围小于等于决策域 2，即 $r_1(c) \leqslant r_2(c)$。

（2）当车辆驶入某路口决策域，则利用转向模型判断车辆是否转向。

（3）如果在决策域 1 内未发现车辆有转向，则可以确定车辆将直行进入的下一路段，若该路段与匹配算法计算的结果相同，则当车辆驶出决策域 1 时，即可将该路段作为匹配结果。

101

（4）如果在决策域 2 内发现车辆有转向，则可根据 α 符号判断车辆转弯方向，并确定车辆将驶入的下一路段，若该路段与匹配算法的计算结果相同，则可将该路段作为匹配结果。

改进后的算法是在原算法的基础上引入了车辆转向信息，只要转向判断给出的结果与原算法的计算结果相同，则可以在车辆未驶出路口决策域时将 GPS 点定位到新路段上，从而缩短匹配点停止于路口处的时间。

5.7　本章小结

由于路口是匹配算法较容易出错的区域，且路口处的错误匹配对导航系统的影响较为严重，因此本章对路口处的匹配问题及相关解决方案做了深入研究，提出了路口决策域模型，并应用该模型改进基于 HMM 的匹配算法。新算法的核心思想是延迟匹配，即当 GPS 点位于易出错的区域时（路口决策域内），并不直接将匹配结果输出，而是输出尽可能正确的匹配结果（将路口作为匹配结果）。实验表明这种匹配策略是有效的，能显著提升路口处的匹配准确率，从而提升整体的匹配性能。路口决策域模型不仅能应用于基于 HMM 的匹配算法，也可应用于其他匹配算法，因为，延迟匹配是一种策略，与具体的匹配算法并不紧密相关，像基于 MHT 的匹配算法、基于区间分析及证据理论的匹配算法均可应用这一策略。本书的匹配算法的输入来自车载 GPS 传感器以及数字地图，此外不再需要其他输入数据，相比于多传感器信息融合的匹配算法[28,139]，本书算法的应用成本更低。

第6章 车辆转向识别

6.1 引 言

本章的目标是解决5.6节提出的延迟匹配问题。5.6节,已提出了一个解决方案,该方案可归纳为:采集 GPS 数据,分析数据,建立转向识别模型,应用模型。使用这种方案建立的模型是一种静态模型,即模型一旦建立,则模型参数便不会随时间推移而改变,除非重新启动方案的全过程,由于构建模型过程中人工干预较多,使得启动方案的成本较高。本章则是探索一种能够使模型自动进化的方案,即动态模型方案。该方案借助机器学习方法实现模型自动建立、自动评价选择、自动更新等一系列活动,同时,结合动态车载导航系统的结构特点,利用服务端强大的计算能力来保障这些活动顺利且高效地进行。

本章的方案依旧使用 GPS 数据建立转向识别模型,因为 GPS 设备是车载导航系统的主要定位设备[140],应用广泛,导航系统通过 GPS 设备可以获取车辆当前的经纬度坐标、速度和方向等信息,除了可以确定车辆位置外还能确定车辆运动状态。而车辆运动状态(如车辆转向模式)是解决延迟匹配问题的重要手段。本章的主要内容是研究基于 GPS 的动态车辆转向识别模型,并将研究成果应用到动态车载导航系统。

本章首先阐述了对连续 GPS 方向信息进行特征提取以及降维的方法。接着提出了两种基于机器学习方法的车辆转向识别模型,第一种基于改进的 K-means 聚类算法,第二种基于异常检测技术。之所以使用机器学习方法,主要是因为:①机器学习方法能够实现模型的自动进化,由于具备自动进行模型评价及选择的机制,在优化模型时,不必人工判断模型的优劣;②机器学习方法能有效减少人工采集数据的工作量,训练数据集可完全由计算机自动采集,只有验证数据集的采集需要人工干预,而后者不论是在采集的频度还是强度方面都比前者小很多;③由于动态导航系统需要面对各种 GPS 设备,不同的设备有不同的特性,所需的识别模型也不同,使用机器学习方法能自动为各种 GPS 设备建立合适的转向识别模型。之后,将机器学习方法应用于动态车载导航系统,设计并实现了在线的车辆转向识别学习系统。该系统将客户端的 GPS 数据上传到服务

103

端,由服务端自动分析并构建车辆转向识别模型,从而实现半自动化(需要人工采集一些验证数据),甚至完全自动化(验证数据的采集也可自动进行,并自动进行标记)的学习能力。这是动态车载导航系统的一种新的应用模式,或者说是一种新的智能服务。最后,应用此智能服务解决5.6节的延迟匹配问题,实验表明,相比于5.6节的方案,本章的方案能有效解决延迟匹配问题,更智能且更易于推广。

6.2 特征提取

6.2.1 转向特征分析

假设车辆运动状态有三种模式:停止,直行与转向。目标是设计一个能自动识别车辆是否转向的系统,所使用的数据源为GPS。根据经验,GPS中的方向信息可作为判断车辆转向与否的依据。

文献[138]也显示当车辆的速度大于某一阈值时,GPS的方向属性是比较精确的,可用于判断车辆转向。但阈值需要根据具体使用的GPS设备以及误差特性来确定。

本书采集了车辆沿着道路通行方向行驶时的GPS数据,共1907个GPS点,以道路通行方向作为车辆实际行驶方向,计算GPS方向属性与实际方向的偏差,结合GPS速度属性,可以得到图6.1所示GPS速度与方向偏差的关系(横轴为GPS速度,纵轴为方向偏差)。通过分析发现,当速度大于0.1m/s时,GPS的方向属性还是比较精确的,所有方向偏差都小于12°,其中大多数(约96.6%)小于5°,小于10°的占99.9%。另外还发现,当GPS方向属性值为0时,车辆处于停止状态。因此,可以建立一个车辆停止状态模型:当GPS方向属性等于0时,可以认为车辆处于停止状态。

以上实验结果表明了GPS方向信息的可靠性,但为了识别车辆是否转向,仅靠独立的一个GPS方向信息是不够的,需要对连续的GPS方向信息进行分析。本书采集了车辆在城市道路上行驶的一组GPS数据(以下简称数据集1),共2960个GPS点。图6.2所示为GPS方向属性随时间变化曲线(纵轴为方向值)。从图中能较容易看出车辆转向与否:车辆直行时曲线趋于水平;转向时则有一定倾斜。

文献[121]、[138]均提出利用GPS方向改变来判断车辆是否转向,尤其是文献[138]还给出了判断转向的方法,但并未说明此转向模型是如何建立的,即模型中的参数是如何确定的。尽管如此,该文献还是提供了一个解决车辆转向

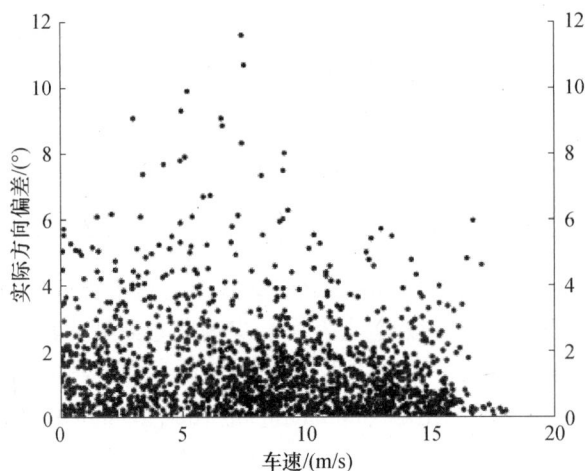

图 6.1　GPS 速度与方向偏差关系

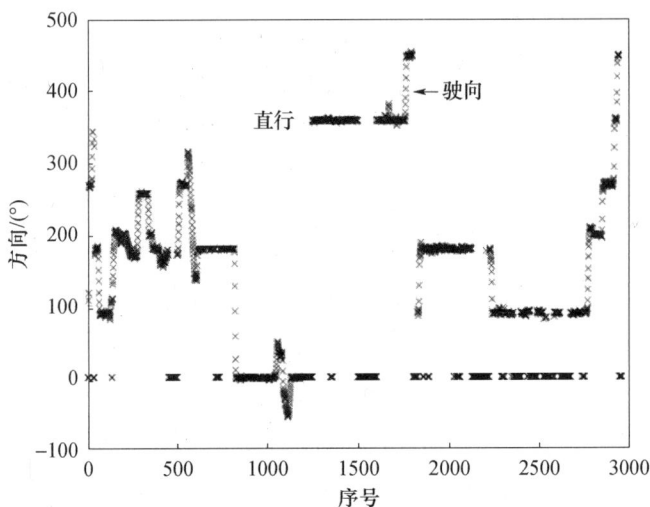

图 6.2　车辆行驶时的 GPS 方向值

识别问题的思路:通过计算连续的 GPS 方向值增量的大小及符号来判断车辆是否转向(如果连续几次 GPS 方向值增量较大且符号相同,则可断定车辆转向)。这一思路对车辆转向特征作了定性描述。接下来,将使用一种方法定量地描述转向特征,并使其容易被用于后续的建模分析。

6.2.2　特征提取与降维

从转向特征的定性描述中可知,要识别车辆转向,必须获取两个或更多连续的 GPS 方向信息。但具体需要多少个连续的 GPS 方向数据,描述中并未给出,这导致特征空间的维度变得不固定,给研究和应用带来困难。为此,提出一种特征降维方法,将任意连续的 GPS 方向信息用二维数据表示。该方法使用一条直线来拟合连续的 GPS 方向数据。如图 6.3 所示,图中的点为一组连续的 GPS 方向数据,用 $(x^{(i)}, y^{(i)})$ 表示第 i 个点的坐标,其中 $x^{(i)} = i$, $y^{(i)}$ 为 GPS 方向值。若用一条直线拟合图中的所有点,则直线的斜率反映了 GPS 方向值的变化趋势。直线方程为 $h_\theta(x) = \theta_0 + \theta_1 x$, θ_1 为直线斜率。此外,对所有点,可定义代价函数:

$$J(\theta) = \frac{1}{2} \sum_{i=1}^{m} \left(h_\theta(x^{(i)}) - y^{(i)} \right)^2$$

其中:m 为点的个数。有了直线方程及代价函数,则可以使用 $(\theta_1, J(\theta))$ 作为任意连续的 GPS 方向信息的特征值。

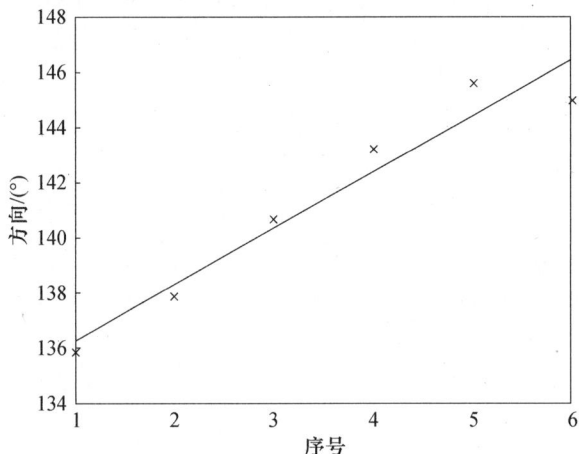

图 6.3　一组连续 GPS 方向数据及其拟合曲线

为了求出任意一组 GPS 方向信息的特征值 $(\theta_1, J(\theta))$,需要计算 θ,使得 $J(\theta)$ 取最小值。为此,将直线方程 $h_\theta(x) = \theta_0 + \theta_1 x$ 改写为 $h_\theta(x) = \theta_0 x_0 + \theta_1 x_1 = \theta^\mathrm{T} x$,其中 $x_0 = 1$,则

$$J(\theta) = \frac{1}{2} \sum_{i=1}^{m} (\theta^\mathrm{T} x^{(i)} - y^{(i)})^2$$

令

$$X = \begin{bmatrix} (x^{(1)})^\mathrm{T} \\ (x^{(2)})^\mathrm{T} \\ \vdots \\ (x^{(m)})^\mathrm{T} \end{bmatrix} = \begin{bmatrix} 1 & 1 \\ 1 & 2 \\ \vdots & \vdots \\ 1 & m \end{bmatrix}, \vec{y} = \begin{bmatrix} y^{(1)} \\ y^{(2)} \\ \vdots \\ y^{(m)} \end{bmatrix}$$

则根据最小二乘法则[141],可得

$$\theta = (X^{\mathrm{T}}X)^{-1}X^{\mathrm{T}}\vec{y}$$

对数据集 1 中的数据,假设连续 4 个 GPS 点为一组,计算每组特征值(θ_1, $J(\theta)$),可得图 6.4 所示的特征值二维散点图。

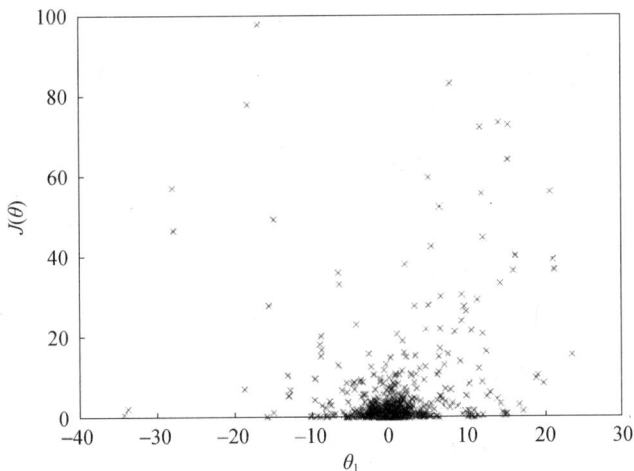

图 6.4　数据特征值的二维散点图

观察图 6.4 所示的数据分布,可以看出在原点附近数据非常密集,而远离原点,数据相对稀疏。这种现象可解释为:多数情况下,车辆是沿直线行驶的,此时 θ_1 趋近于 0;此外,多数情况下,车辆转向变化是较为平稳的,且 GPS 方向精度是较高的,此时 $J(\theta)$ 趋近于 0。数据分布的这种特点在一定程度上验证了本书提取特征值的方法是符合客观事实的。

6.3　基于改进的 K–means 聚类算法的转向识别模型

6.3.1　K–means 聚类

考虑到 θ_1 的符号仅表示车辆左转或右转,而不影响最终结果,因此,可将特征值(θ_1, $J(\theta)$)修改为($|\theta_1|$, $J(\theta)$)。从图 6.4 可以看出车辆直行时特征值位于原点附近且密集分布,而车辆转向时特征值远离原点且稀疏分布。假定直行数据紧挨其最近的聚类中心,而转向数据远离其最近的聚类中心,则可考虑运用 K–means 算法[142,143]对特征数据进行自动分类。由于目标是识别车辆是否转向,因此可以设置类别数 $K = 2$。应用 K–means 算法后,得到图 6.5 所示分类结

果,利用此结果对数据集 1 中的数据重新标记,可以得到图 6.6 所示分类结果。

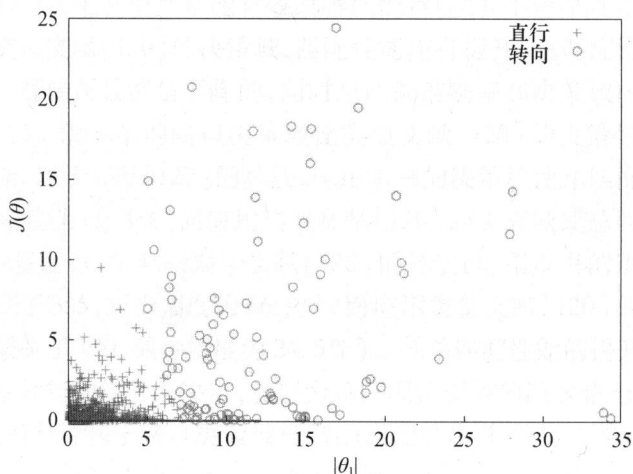

图 6.5 当 $K=2$ 时的 K – means 聚类结果

从图 6.6 中可以看出,大多数转向数据被标记出来了,但还是有一些转向数据没有被标记。通过分析发现这些未被标记的转向数据通常都出现在转向启动、结束阶段以及转向变化比较缓慢的情况下(如车辆行驶在环岛或立交桥上时)也会出现这种现象。为了解决这个问题,需要引入新的状态,即增加 K 的值。

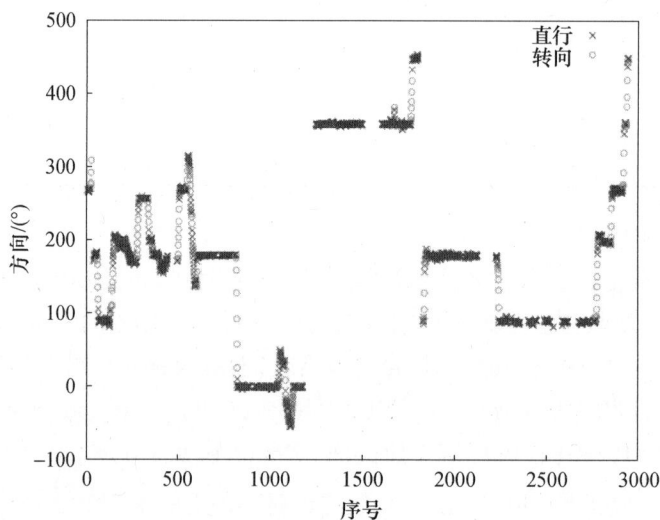

图 6.6 利用 $K=2$ 的聚类结果来标记直行与转向数据

增加 K 值后会产生多个分类,其中只有一类是直行数据。为了识别此分类,需要定义 $\|\mu_j\|(1 \leqslant j \leqslant K)$ 为第 j 个分类的质心到原点的距离,然后将最小 $\|\mu_j\|$ 所对应的质心作为直行数据的聚类中心。图 6.7 为 $K=4$ 时特征值的分类结果。利用此结果对数据集 1 中的数据重新标记,可得图 6.8 所示分类结果。比较图 6.6 和图 6.8,发现更多的转向数据被识别出来了。

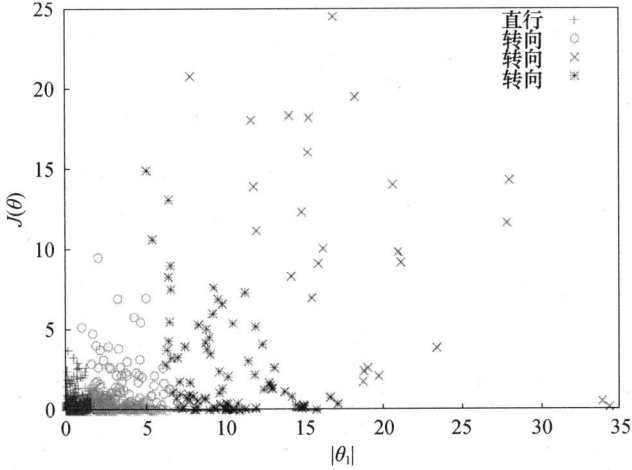

图 6.7　当 $K=4$ 时的 K – means 聚类结果

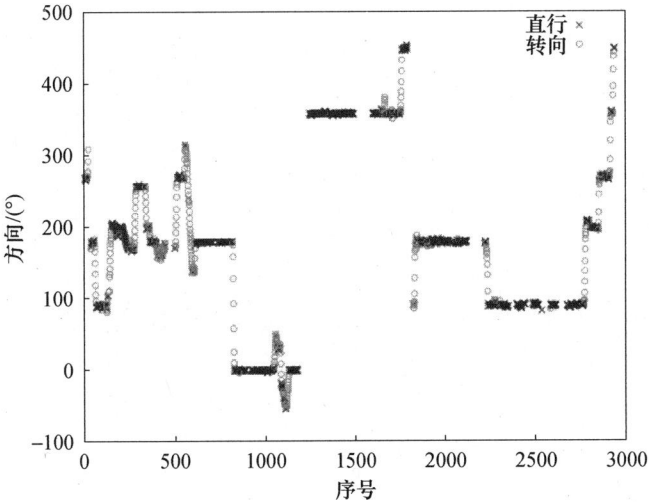

图 6.8　利用 $K=4$ 的聚类结果来标记直行与转向数据

109

6.3.2 模型建立

一旦标记了转向数据,接下来就可以启动一个监督学习过程来建立车辆转向识别模型。目前,有多种监督学习算法可供选择:如 Logistic 回归、神经网络或者 SVM 等[144,145]。任何一种监督学习算法均可用于构建模型。本书选择了综合性能较好的 SVM 算法来构建模型,核函数则选择了 RBF。

考虑到在聚类结果的分界面附近容易出现错误分类,从而影响 SVM 算法的学习效果,首先采用 10 - fold 交叉验证方法删除这些可能错误分类的数据,然后再对剩余数据进行训练。具体过程如下:

(1)对聚类结果做预处理,将其进一步分为直行和转向两类,即,将聚类中心离原点最近的数据标记为直行,其余数据标记为转向。

(2)将两类数据各分为 10 等份,S_i 表示第 i 份直行数据($1 \leq i \leq 10$),T_i 表示第 i 份转向数据。将 i 初始化为 1。

(3)若 i 大于 10,执行步骤 5,否则,将 S_i、T_i 中的数据留作测试样本,其他数据用作 SVM 的训练样本。

(4)标记 S_i、T_i 中错误分类的样本,将 i 值加 1,重复执行步骤 3。

(5)将所有错误分类的样本删除,其余数据用作 SVM 的训练样本,最终生成的分界面作为转向识别模型。

6.3.3 模型评价及选择

至此,本书已建立了车辆转向识别模型,但应用上述方法将产生多个模型,因为构建模型的过程中有两个重要参数:提取特征值时的连续 GPS 点的个数 m;K - means 聚类时的分类数 K,不同的参数值将生成不同的特征值及不同的模型,且每个模型最终的识别性能是不同的。为此,需要有一种方法对模型的识别性能进行量化评价以便确定最优的模型,即确定 m 和 K 的最佳取值。采用 F - measure 方法[146,147]来评价模型的识别性能,具体步骤如下:

步骤 1:采集车辆转向与直行时的 GPS 数据作为交叉验证集。这些数据不需要特别准确,采集时也不需要专门的实验场地,只要在实际路面行驶时采集直行与转向数据,尤其是注意采集一些转向不是很明显的数据,如车辆在环岛上行驶时的数据。

步骤 2:从实际路面测试中采集 GPS 数据作为训练集,并从训练集中过滤所有车辆停止时的数据,即 GPS 方向为 0 的数据。

步骤 3:从数组[3,4,5,6]中依次取一个元素赋值给 m;从数组[2,3,4,5]中依次取一个元素赋值给 K。

步骤 4：用 m 和 K 对训练集进行特征提取，K – means 聚类，SVM 训练，最终生成车辆转向识别模型。

步骤 5：将交叉验证集的数据代入步骤 4 所建立的识别模型，分别计算 tp：实际数据为转向，并且我们的模型也识别为转向；fp：实际数据为直行，但模型识别为转向；fn：实际数据为转向，但模型识别为直行。

步骤 6：运用 F – measure 方法，计算

$$prec = \frac{tp}{tp + fp}; rec = \frac{tp}{tp + fn}; F_1 = \frac{2 \cdot prec \cdot rec}{prec + rec}.$$

步骤 7：重复步骤 3。在所有的 F_1 中取最大值，其所对应的 m，K 以及车辆转向识别模型即为最终输出结果。

用以上算法对数据集 1 进行训练，可得到表 6 – 1 所列的 m、K 及其对应 F_1 值。从表中不难看出，最优的 m 和 K 值出现在 $m = 6$，$K = 5$ 时，如果以这两个值作为模型参数，则模型需要 5s 能够判断车辆是否转向。如果觉得 5s 太长，则 $m = 4$，$K = 5$ 是当 $m \leqslant 4$ 时最优的参数组合，这样只需要 3s 即可判断车辆是否转向。另外，当 $m \leqslant 5$ 时最优的参数组合是 $m = 5$，$K = 4$ 或 $m = 5$，$K = 5$。最优参数组合可以根据具体需求来确定。我们还发现，当 m 越大时，模型的识别性能越好，这与人们的直观感受基本一致，即采集越多连续的 GPS 数据，越能更准确的判断车辆是否转向。

表 6 – 1　对数据集 1 训练后得到的 m、K 及 F_1 值

m	K	F_1	m	K	F_1	m	K	F_1	m	K	F_1
3	2	0.55273	4	2	0.63878	5	2	0.55204	6	2	*NaN*
3	3	0.83284	4	3	0.89164	5	3	0.71200	6	3	0.73543
3	4	0.86792	4	4	0.89164	5	4	0.93421	6	4	0.80000
3	5	0.78226	4	5	0.94461	5	5	0.93421	6	5	0.95971

为了检验学习算法的泛化能力，还采集了另一组 GPS 数据（以下简称数据集 2），共 2370 个 GPS 点，这组数据也来自实际的路面测试。运用同样的算法对数据进行训练，得到表 6 – 2 所列的 m、K 及其对应 F_1 值。从表 6 – 2 看出，最优的参数组合是 $m = 6$，$K = 5$。当 $m \leqslant 4$ 时，最优参数组合是 $m = 4$，$K = 4$。当 $m \leqslant 5$ 时，最优组合是 $m = 5$，$K = 5$。

表 6 – 2　对数据集 2 训练后得到的 m、K 及 F_1 值

m	K	F_1	m	K	F_1	m	K	F_1	m	K	F_1
3	2	0.80000	4	2	0.86275	5	2	0.69492	6	2	0.41860

（续）

m	K	F_1	m	K	F_1	m	K	F_1	m	K	F_1
3	3	0.90716	4	3	0.86645	5	3	0.87591	6	3	0.92063
3	4	0.84685	4	4	0.93617	5	4	0.96689	6	4	0.92913
3	5	0.79832	4	5	0.85787	5	5	0.94631	6	5	0.97358

综合分析以上两组测试结果,最优参数组合中的 K 值为4或5,当 K 为2或3时,模型的识别性能较差,尤其是 K 为2时,平均的 F_1 值仅为0.646。因此 K 只需从[4,5]中取值即可。此外,在 m 为3或6时,识别性能也不太稳定,因为当 m 为3时,仅有3个连续的方向数据用于识别转向,从经验来看显然不足,而当 m 为6时,连续的方向数据又太多,有连续至少5s的方向数据,对于一些转向来说,可能不到5s就已结束(文献[138]就指出,转向一般持续2~5s)。可见,在实际应用中比较常用的 m 值应是4或5。

6.3.4　改进的 K – means 聚类算法

上述学习过程最终要运行于动态导航系统的服务端,服务端需要为每个客户端反复执行这一过程,从而不断进化识别模型。因此整个学习过程的执行速度也是需要关注的一个重点,因为它会影响服务端的服务质量以及服务能力。本节是对学习过程的第一步——K – means 聚类进行优化。

聚类算法的一个直观且常用的目标函数是误差平方和(Sum of Squares for Error,SSE),它由下式给出:

$$SSE = \sum_{i=1}^{K} \sum_{\vec{x_j} \in P_i} \| \vec{x_j} - \vec{c_i} \|_2^2$$

式中: K 为聚类数; $\vec{x_j}$ 为数据集中第 j 个数据; P_i 为第 i 个聚类; $\vec{c_i}$ 为第 i 个聚类的中心($\vec{c_i} = 1/|P_i| \sum_{\vec{x_j} \in P_i} \vec{x_j}$, $|P_i|$ 为第 i 个聚类的数据个数); $\| \cdot \|_2$ 为欧式距离。聚类算法的目标是寻找最小的 SSE,但由于该非凸优化问题是一个 NP 难题[148,149],因此目前只能在多项式时间内找到近似解,K – means 算法就是一个能在多项式时间内找到近似解的聚类算法。由于其概念简单且易于实现,得到了广泛应用。上文就使用了经典的 K – means 聚类算法对数据进行聚类。本节的目标是改进 K – means 聚类算法,加快其收敛速度。

6.3.4.1　相关研究

K – means 聚类算法的执行分为两个步骤:初始化过程和后续迭代过程。初始化过程负责选择初始的聚类中心,即第一次迭代的 $\vec{c_i}$;后续过程则是不断修改聚类中心,直到聚类中心不再改变或者达到最大的迭代次数。文献[150]指出, K－means 聚类算法对初始化过程所选择的聚类中心高度敏感,选择不同的初始聚类中心将影响算法性能,且不当的初始化可能导致空的聚类、更慢的收敛以及更高的陷入局部最优解的风险[151]。因此,改进初始化过程也就成了改进 K－means 算法性能的重要手段。文献[150]对各种初始化方法做了分析,并将初始化方法分为线性时间复杂度和超线性时间复杂度两类。线性方法一般是非确定性的,或者说是对顺序敏感的,而超线性方法则通常是确定性的,即使用基于线性初始化方法的 K－means 算法反复对同一数据集进行聚类,将得到不同的聚类结果,而使用基于超线性初始化方法的 K－means 算法,不论对同一数据集聚类多少次,都将得到相同的聚类结果。因此使用超线性方法只需对数据集进行一次聚类即可,不必反复聚类以选择最优的聚类结果。此外,超线性方法通常会使 K－means 聚类算法快速收敛,比较适合大数据集的聚类。正因为超线性方法有这些优点,使其受到了广泛关注。如文献[152]提出了一种基于方差的方法,该方法首先对所有数据在具有最大方差的属性上排序,然后将排序后的数据分为 K 组,最后从每一组中选择排在中间的数据作为初始聚类中心。文献[153]通过构建数据点的 kd－tree 进行密度估计,然后使用修改后的最大最小方法从密集生成的叶中选择 K 个聚类中心。文献[154]提出了一种鲁棒的初始化方法,该方法使用一个局部异常因子以避免将异常数据作为聚类中心。文献[155]提出了一种 k 次迭代的初始化方法,该方法首先设置 k 个集合,然后在第 i $(1 \leqslant i \leqslant k)$ 次迭代时不断从数据集中选择距离最近的数据对加入第 i 个集合,直到集合中的数据量超过某个阈值,则结束第 i 次迭代,进入第 $i+1$ 次迭代。文献[156]提出了一种基于属性变换的初始化方法,该方法首先将所有数据的负值属性转换为正值属性,然后对所有变换后的数据按照到原点的距离排序,之后将排序后的数据平均分成 k 组,最后从每组中选择排在中间的数据作为聚类中心。文献[157]的思路与文献[156]相近,只是在选择聚类中心时使用了均值。上述超线性方法除了文献[155]的时间复杂度是 $O(n^2)$ 之外,其他方法的时间复杂度均为 $O(n\lg n)$。

6.3.4.2　改进的初始化方法

本书提出了一种改进的初始化方法,该方法借鉴了文献[156]和文献[157]的思想,即需要变换所有数据的负值属性,具体变换方法与文献[156]和文献[157]相同。对于本书的测试数据,因为数据的特征值为 $(|\theta_1|, J(\theta))$,其中每个分量均为非负实数,满足初始化方法要求,因此不必进行属性变换。

完成属性变换后,同样需要计算数据到原点的距离,但是接下来,本书的方法将与文献[156]和文献[157]的方法不同,不再需要对数据按照其到原点的距离排序,而是从所有距离中选择最小值($d_{\min}$)和最大值($d_{\max}$),该步骤的时间复杂度为$O(n)$。

下一步,将区间$[d_{\min}, d_{\max}]$均匀分为K个子区间,每个子区间的间隔为

$$\text{interval} = \frac{d_{\max} - d_{\min}}{K}$$

对于第$i(1 \leq i \leq K)$个子区间,其区间范围为$[d_{i,\min}, d_{i,\max}]$,其中:

$$d_{i,\min} = d_{\min} + (i-1) \times \text{interval}; \quad d_{i,\max} = d_{\min} + i \times \text{interval}$$

然后将所有数据按照子区间分组,具体分组方法为:假设d_j表示数据$\bar{x}_j$到原点的距离,则:$\bar{x}_j$属于区间i,如果$d_{i,\min} \leq d_j \leq d_{i,\max}$。在数据分组同时,统计每个子区间的数据总数$c_i$。该步骤的时间复杂度为$O(n)$。

下一步,需要对子区间的范围进行调整。之所以要执行这一步,是因为数据可能在各个子区间的分布并不均衡,甚至会有较大差异,这样容易产生空区间以及由异常数据组成的区间,最终影响聚类性能。子区间的调整方法为:

（1）定义变量i和p_i,并将i初始化为1,p_i初始化为0。

（2）如果i等于K,则结束子区间调整,否则执行步骤3。

（3）令:$p_i = p_i + c_i, p = p_i + c_{i+1}, p_1 = p_i/p, p_2 = c_{i+1}/p, l_1 = i/(i+1), l_2 = 1/(i+1)$。为了更好地描述子区间调整过程,不妨将第$i$区间及其之前区间统称为$i$之前区间。则$p_i$可表示$i$之前区间的数据总数;$p$表示$i+1$之前区间的数据总数（或称当前数据总数）;$p_1$和$p_2$是数据总数的比例,其中$p_1$为$i$之前区间的数据总数占当前数据总数的比例,$p_2$为第$i+1$区间的数据总数占当前数据总数的比例;同理,$l_1$和$l_2$则是区间长度的比例,其中$l_1$为$i$之前区间总长度占当前区间总长度的比例,$l_2$为第$i+1$区间长度占当前区间总长度的比例。

（4）如果$p_1 > l_1$,表示i之前区间的数据密度大于第$i+1$区间,需要将i之前区间等比例缩小,缩小的幅度为:$\mathrm{d}l = ((p_1 - l_1)p_1) \times l_1$;否则,表示$i$之前区间的密度小于第$i+1$区间,需要将$i$之前区间等比例扩大,扩大的幅度为:$\mathrm{d}l = ((p_1 - l_1)p_2) \times l_2 l_1$。

（5）对i之前的每个区间计算:$d_{j,\max} = d_{j,\max} - d_{j,\max} \times \mathrm{d}l$,其中:$1 \leq j \leq i$。

（6）令i等于$i+1$,执行步骤2。

子区间范围调整的时间复杂度为$O(K^2)$。

利用新的子区间重新分组数据,并计算每组数据的均值,该均值即为初始聚类中心,此步骤的时间复杂度为$O(n)$。

至此,本书的初始化方法结束,接下来即可开始 K - means 算法的后续迭代。本初始化方法的总时间复杂度为$O(3n + K^2)$,由于K为常量,且$K \ll n$,因此

时间复杂度为 $O(n)$, 是线性的。但本书的方法并不具备线性初始化方法的特征, 而是具备超线性初始化方法的特征, 即本书的初始化方法是确定性的, 因为对于同一数据集, 区间是不变的, 因此最终的聚类结果也不会改变。

本书初始化方法的核心是子区间调整, 调整的目标是尽量使各子区间的数据均匀分布。该初始化方法适合于分布较为连续的数据。所提取的特征数据就具备这样的特点, 因为车辆在行驶过程中, GPS 方向一般是连续变化的。

分别应用本书算法、文献 [156] 的算法、文献 [157] 的算法以及基于随机初始化的 K – means 算法对数据集 1 进行聚类, 令参数 m 为 4, K 为 4, 可得图 6.9 所示的学习曲线(纵轴为 SSE 值)。图中 interval 表示本书的算法, median 表示文献 [156] 的算法, mean 表示文献 [157] 的算法, random 表示基于随机初始化的算法。从图中能明显看出本算法收敛最快, 实际上本书算法迭代了 13 次, 文献 [156] 和文献 [157] 的算法均迭代了 24 次, 基于随机初始化的算法迭代了 26 次。此外, 本书算法的最终 SSE 值为 4822.19, 其他 3 个算法的最终 SSE 值均为 4884.18。

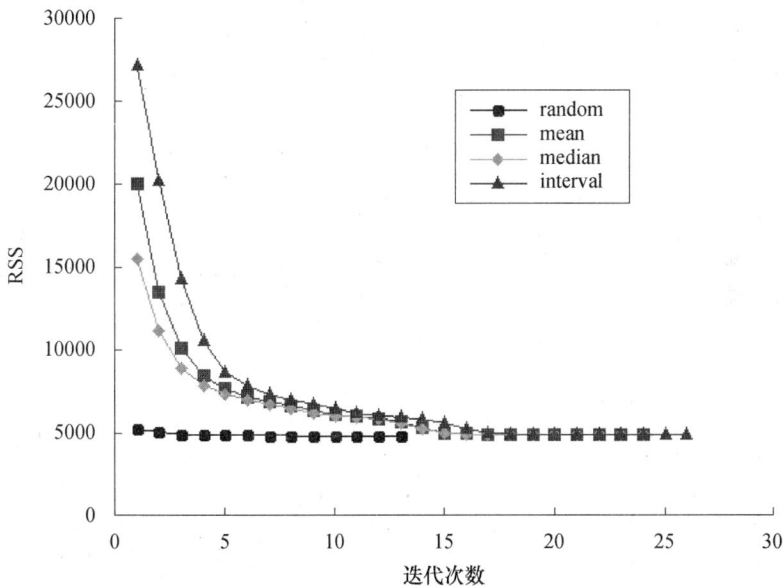

图 6.9　4 个 K – means 聚类算法的学习曲线

6.3.4.3　实验结果分析

本实验的测试数据与 6.3.3 节的测试数据一致, 共有两个数据集, 每个数据集的采样频率均为 1 Hz。数据集 1 的测试里程为 18.23 km, GPS 点 2960 个。数据集 2 的测试里程为 11.58km,GPS 点 2370 个。

本实验的比较对象为本书的算法、文献[156]的算法、文献[157]的算法和基于随机初始化的 K - means 算法。比较的指标有 F_1 及 K - means 算法的后续迭代次数。F_1 反映了识别模型的性能,而 K - means 算法的后续迭代次数则间接反映了 K - means 聚类的速度。分别应用 4 个算法对数据集 1 进行测试,可得表 6 - 3、表 6 - 4 所列的测试结果。从表 6 - 3 可以看出,本书算法在全部 8 个模型中有 4 个获得最佳性能。实际上这 4 个模型的平均 F_1 值为 0.90611,比排在第二位的算法高 0.02706;另外 4 个模型的平均 F_1 值为 0.83181,比排在第一位的算法低 0.08038。此外,当 $m = 4$ 或 $m = 5$ 时,最优模型的 F_1 值均大于 0.9,平均为 0.93941。从表 6 - 4 中可以看出,本书算法在执行速度上有明显提升,所有模型参数均获得最快执行速度,平均比排在第二位的算法少迭代 18.9 次,减少幅度为 64.3%。

表 6 - 3　分别使用 4 个算法对数据集 1 训练后得到的 F_1 值

m	K	随机初始化	文献[156]	文献[157]	本书算法	最优算法
3	4	0.86792	0.86792	0.86792	0.87711	本书算法
3	5	0.78226	0.78226	0.78226	0.87097	本书算法
4	4	0.89164	0.92141	0.92141	0.93175	本书算法
4	5	0.94461	0.89710	0.89710	0.94461	本书算法
5	4	0.93421	0.93421	0.93421	0.80000	非本书算法
5	5	0.93421	0.95484	0.95484	0.93421	非本书算法
6	4	0.80000	0.80000	0.80000	0.76316	非本书算法
6	5	0.95971	0.95971	0.95971	0.82988	非本书算法

表 6 - 4　分别使用 4 个算法对数据集 1 聚类时的后续迭代次数

m	K	随机初始化	文献[156]	文献[157]	本书算法	最优算法
3	4	26	28	27	18	本书算法
3	5	42	41	41	12	本书算法
4	4	26	24	24	13	本书算法
4	5	36	40	39	12	本书算法
5	4	19	21	20	6	本书算法
5	5	39	40	39	6	本书算法
6	4	23	27	26	5	本书算法
6	5	27	29	28	12	本书算法

分别应用 4 个算法对数据集 2 进行测试,可得表 6 - 5、表 6 - 6 所列的测试结果。从表 6 - 5 可以看出,本书算法在全部 8 个模型中有 5 个获得最佳性能。实际上这 5 个模型的平均 F_1 值为 0.93818,比排在第二位的算法高 0.07999;另外 3 个模型的平均 F_1 值为 0.93351,比排在第一位的算法低 0.01947。此外,当 $m = 4$ 或 $m = 5$ 时,最优模型的 F_1 值均大于 0.9,平均为 0.95117。从表 6 - 6 可以明显看出本书算法在执行速度上有明显提升,平均比排在第二位的算法少迭代 16.5 次,减少幅度为 62.8%。

表 6 - 5　分别使用 4 个算法对数据集 2 训练后得到的 F_1 值

m	K	随机初始化	文献[156]	文献[157]	本书算法	最优算法
3	4	0.84685	0.84685	0.84685	0.90716	本书算法
3	5	0.79832	0.79832	0.79832	0.90765	本书算法
4	4	0.93617	0.93617	0.93617	0.93293	非本书算法
4	5	0.85787	0.85787	0.85787	0.94260	本书算法
5	4	0.96689	0.96689	0.96689	0.93426	非本书算法
5	5	0.94631	0.94631	0.94631	0.95973	本书算法
6	4	0.92913	0.95588	0.95588	0.93333	非本书算法
6	5	0.97358	0.97358	0.97358	0.97378	本书算法

表 6 - 6　分别使用 4 个算法对数据集 2 聚类时的后续迭代次数

m	K	随机初始化	文献[156]	文献[157]	本书算法	最优算法
3	4	40	40	40	8	本书算法
3	5	28	39	39	6	本书算法
4	4	19	28	27	5	本书算法
4	5	26	38	38	11	本书算法
5	4	15	19	19	12	本书算法
5	5	16	18	28	10	本书算法
6	4	26	18	18	5	本书算法
6	5	19	23	23	14	本书算法

综合上述两组测试结果,在全部 16 个模型中有 9 个获得最佳性能。实际上这 9 个模型的平均 F_1 值为 0.92393,比排在第二位的算法高 0.0418;另外 7 个模型的平均 F_1 值为 0.87540,比排在第一位的算法低 0.05428。在实际应用中比较常用的 m 值($m = 4$ 或 $m = 5$),其最优模型的 F_1 均值为 0.94529。此外,本书算法在 K - means 聚类的后续迭代次数方面有明显减少,平均比排在第二位

的算法减少 16.3 次,减少幅度为 62.7%。可见,应用本书的聚类算法构建的模型,其识别性能与另外 3 个算法基本持平,在常用模型上识别性能略有提升,但在执行速度方面有显著提升。

6.3.5 学习系统

6.3.5.1 学习系统设计

运用上述研究成果,设计了一个基于动态车载导航系统的车辆转向识别学习系统。该系统将学习算法运行于服务端,收集客户端上传的 GPS 数据,然后运用学习算法对数据进行分析,计算车辆转向识别模型,最后将模型传回客户端。学习系统的服务端与车载终端的交互过程如下:

(1)车载终端启动时向服务端发送请求,服务端如果已经有车辆转向识别模型,则直接将该模型下发客户端。有了模型,客户端即可用模型进行车辆转向识别;否则必须执行以下步骤。

(2)车载终端实时计算特征值,并上传到服务端;车载终端还需分析路口的地图匹配结果,确定车辆是否发生转向,并将此分析结果上传到服务端。

(3)在车载终端停止工作之后,服务端需确定车辆是否发生过转向(保证客户端采集的数据中包含转向数据),如果确实发生过转向,则根据不同的 m,K 值对特征值进行聚类,SVM 监督学习,计算出一系列候选模型及其对应的 F_1 值。

(4)比较候选模型的 F_1 值与服务端之前生成的模型的 F_1 值,选择最佳的模型。如果服务端之前未生成任何模型,则直接将候选模型作为最佳模型。

(5)在下次车载终端启动时,将此最佳模型再下发给车载终端,即执行步骤 1。

其中,步骤 3 的 F_1 值需要根据事先采集的验证数据集进行计算。验证数据集的采集可以由专门人员负责,通过实际路面测试采集直行与转向数据。或者可以由系统自动进行,此时不需要组织人力,每个车载终端自动结合地图匹配结果进行采集,具体方法为:采集车辆发生转向的路口附近的 GPS 数据作为转向数据,其他数据作为直行数据。通过这种方式可以实现一个完全自动化的学习系统,不需任何人工干预。

6.3.5.2 学习系统应用

本小节将应用车辆转向识别学习系统来解决 5.6 节提出的延迟匹配问题。众所周知,地图匹配是车载导航系统的一个重要功能,吸引了很多研究人员的关注。地图匹配的目标是确定车辆当前所在路段。由于 GPS 误差的原因,GPS 给出的位置信息通常并不在路网的任何一条路段上,即使 GPS 点恰巧落在某条路段上,也不能确定该路段一定就是车辆行驶的路段。一般的解决方法是,为 GPS 点定义一个邻域,这个邻域大小通常根据 GPS 误差范围设定。确定邻域之后即可选出候选路段,即所有和邻域相交的路段,然后就是根据 GPS 点的方向、点与路段的距离以及路网结构等信息确定车辆最可能行驶的路段。

如果邻域所覆盖的路段很少,如邻域内只有一条路段,或邻域内的多条路段实际都属于一条道路,那么根据 GPS 方向以及点到路段的距离即可确定匹配路段,甚至不做任何计算(邻域内只有一条路段时)也能确定匹配路段。而当邻域内的路网结构比较复杂时,如邻域内有路口时,则很难确定最佳的匹配路段,如图 6.10 所示。对图中的点 p_3,无论是基于方向、距离还是路网结构,都很难确定它应匹配于路段 s_6 还是 s_8 上。路口匹配问题因此成

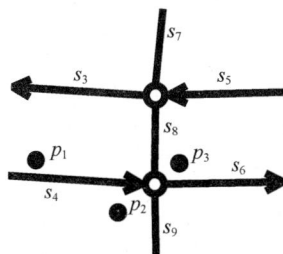

图 6.10 当车辆行驶在路口附近时

为匹配算法研究的一个难点[28,117,120,121,158]。在这种情况下需要考虑的因素较多,除了 GPS 方向、与路段的距离以及路网结构之外,还需要考虑上一次匹配结果,道路宽度甚至路网精度等信息。

本书第 5 章提出了一种有效提高路口匹配性能的方法,该方法的主要思想如下:为路口定义一个决策域(该决策域综合考虑了 GPS 精度、路网精度和路段宽度),当车辆行驶在路口决策域内时,如果匹配算法确定它当前所行驶的路段和上一次匹配路段在同一条路上,则将当前路段作为匹配结果,否则将路口作为匹配结果。这种匹配算法实际是一种延迟匹配,当算法无法确定车辆所行驶的道路时,则将路口作为匹配结果,直到车辆驶出路口决策域。但这种方法也会产生一个副作用,会导致匹配点较长时间停止在路口上,如图 6.11 所示。在图中,红线表示匹配结果,黑色点表示 GPS 点。从图中不难看出,即使车辆已驶离路口一段距离了,但导航系统依旧将 GPS 点定位在上一路段。这种副作用虽不影响匹配准确率,但在一定程度上影响了用户体验,会使驾驶者误以为导航系统出现了某种故障。5.6 节为了解决这一副作用提出利用车辆转向信息来缩短匹配点停止在路口上的时间,但这种方法和文献[138]所提出的判断车辆转向的方法一样,主要还是凭借经验和大量的实验,并不智能,推广难度较大。为此,本书提出应用上文所设计的车辆转向识别学习系统来改进车辆转向判断过程。具体过程如下:

(1) 利用上一节所描述的方法为车载终端计算车辆运动状态识别模型。由于此方法需要在线采集 GPS 数据,然后才能计算模型,因此,对于首次连接动态导航系统的车载终端来说,由于无法立即获得识别模型,只能使用无识别模型的

匹配算法进行地图匹配。后续步骤只适合非首次连接并且已获得识别模型的终端。

（2）导航系统根据识别模型实时计算车辆运动状态。在文本中定义了一些常量来表示运动状态：1 表示右转、0 表示直行或停止、-1 表示左传。

（3）当车辆行驶到路口决策域内且未离开路口（车辆还行驶在进入路口决策域之前的路链上）时，需要采集连续两次运动状态，如果连续两次运动状态值相等且不为 0，则可以确定车辆发生转向。若根据转向方向计算的新路段与匹配算法计算的结果相同，则可将该路段作为匹配结果，并取消路口决策域。

（4）当车辆在路口决策域内且已经离开路口（车辆行驶在新的路链上）时，仍然需要采集连续两次运动状态，如果两次运动状态值相同，则可以确定车辆是否发生转向。若根据转向方向或直行方向计算的新路段与匹配算法计算的结果相同，则可将该路段作为匹配结果，并取消路口决策域。

（5）如果不满足以上两种情况，则依然使用第 5 章的地图匹配算法。当车辆在路口决策域内且未离开路口时不修改匹配结果，否则将路口作为匹配结果。

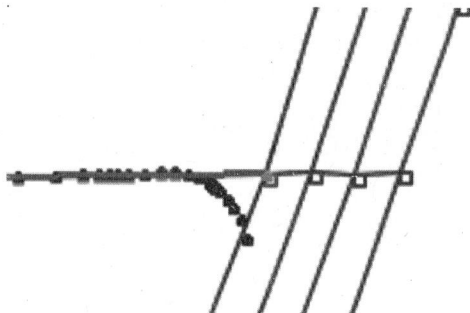

图 6.11　基于路口决策域模型的地图匹配算法使得匹配点长时间停止在路口上

本书分别将第 5 章的地图匹配算法和修改后的匹配算法应用于车载导航系统，并进行了实际路面实验。在实验过程中，计算了匹配点在每个路口决策域内停留的时间（从车辆进入路口决策域到匹配算法确定车辆驶出路口决策域这段时间，单位为 s）。测试结果如图 6.12 所示（纵轴为匹配点在路口决策域内停留的时间）。在所有路口中，修改后的匹配算法使得匹配点停留在路口决策域的时间均有不同程度的减少，平均减少 1.60s。如果更直观地比较两种匹配算法，以图 6.11 所示的路口为例，应用修改后的匹配算法，可以得到图 6.13 所示的匹配效果。不难看出，修改后的算法可以更早地判断出车辆行驶的新路段。

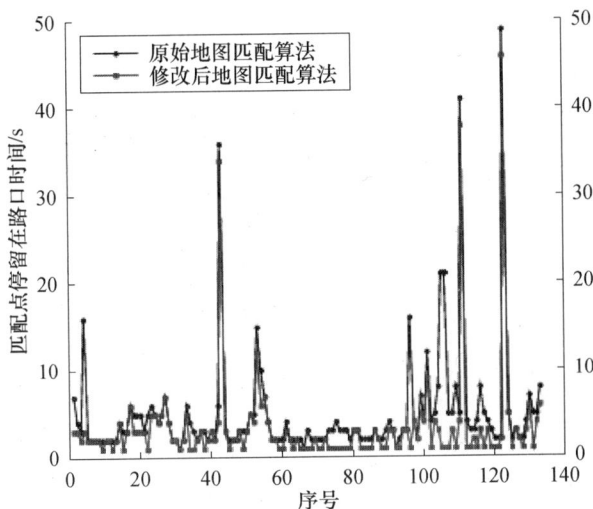

图 6.12　匹配点位于路口决策域的时间对比

（基于路口决策域模型的匹配算法与修改后的算法）

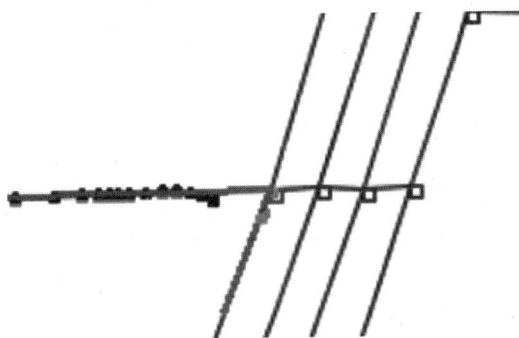

图 6.13　修改后的算法缩短了匹配点停止在路口的时间

6.4　基于异常检测的转向识别模型

6.4.1　数据分析

本节将使用另外一种技术来构建车辆转向识别模型。应用该技术首先得分析数据的分布情况,为此,分别采集了一些直行与转向数据,这些数据均来自实际路面测试,应用 6.2 节设计的特征值提取方法,可以得到图 6.14 所示的二维散点图。从图中不难看出,当车辆直行时,数据主要集中于原点附近且密集分布;而当车辆转向时,数据远离原点且稀疏分布。因此,可以考虑使用基于统计的异常检测技术来对数据进行分类[142],该技术主要基于如下假设:

正常数据(在本例中即直行数据)通常分布于一个随机模型的高概率区域(如图6.14中红点所分布的高密度区域);而异常数据(在本例中即转向数据)通常分布于一个随机模型的低概率区域(如图6.14中黑点所分布的低密度区域)。

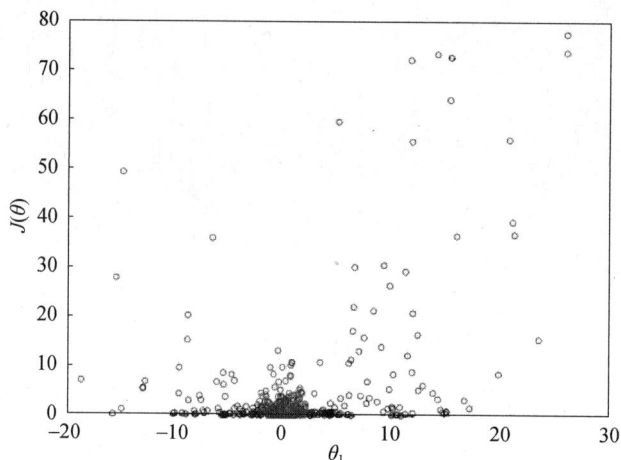

图6.14 转向特征值的二维散点图(直行、转向已被标出)

为了应用基于统计的异常检测技术,需要为数据假定一种分布模型。而高斯分布则是一种常用的分布模型,应用广泛,在故障检测[159],网络攻击检测[160]等方面均有应用。由于特征值是一个二维向量,因此可以使用二维高斯分布来拟合数据。首先,需要检验数据是否服从高斯分布。假定数据的每个分量相互独立,这样只需检验数据的边缘分布(基于统计的异常检测技术并不要求数据严格服从某一分布,而只需近似服从该分布即可[142])。

应用可视化的数据分析方法来检验数据的边缘分布情况[161],即 P – P Plots。通过分析发现数据的两个分量都不服从正态分布,但将 θ_1 变换为弧度之后,$\arctan\theta_1$ 则近似服从正态分布,其概率图如图 6.15 所示。此外,如果将图6.15 中的分量 θ_1 替换为 $\arctan\theta_1$ 之后,可以看出实际上转向数据与直行数据主要由 $\arctan\theta_1$ 决定,而 $J(\theta)$ 只是起辅助作用,如图 6.16 所示。

因此,可以断定 $J(\theta)$ 不服从正态分布并不会对最终的检测造成太大影响,依旧可以将其看作正态分布。

6.4.2 模型建立

一旦确定了数据分布模型,则下一步就可以利用参数估计方法对模型参数

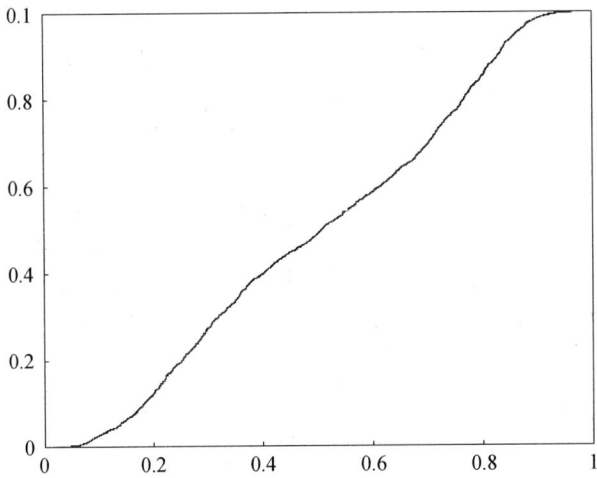

图 6.15　$\arctan\theta_1$ 的概率图

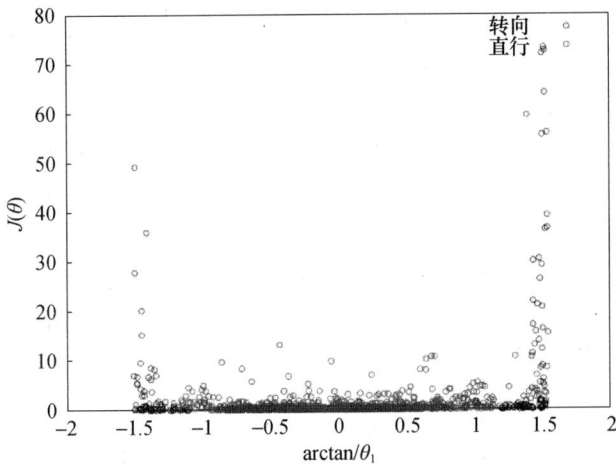

图 6.16　特征值经过变换后的二维散点图

进行估计。由于本书选择的是二维高斯分布,且假定每个特征相互独立,则第 i 个特征的均值和方差(μ_i, σ_i^2)可由极大似然估计方法计算得

$$\mu_i = \frac{1}{n}\sum_{j=1}^{n}f_i^{(j)} \qquad \sigma_i^2 = \frac{1}{n}\sum_{j=1}^{n}(f_i^{(j)} - \mu_i)^2$$

其中:

$$f_1 = \arctan\theta_1 \qquad f_2 = J(\theta)$$

令:

$$f = \begin{bmatrix} f_1 \\ f_2 \end{bmatrix} \quad \mu = \begin{bmatrix} \mu_1 \\ \mu_2 \end{bmatrix} \quad \Sigma = \begin{bmatrix} \sigma_1^2 & 0 \\ 0 & \sigma_2^2 \end{bmatrix}$$

则数据分布模型可描述为特征值 f 的概率密度函数：

$$p(f) = \frac{1}{2\pi\sigma_1\sigma_2} \exp\left[-\frac{1}{2}(f-\mu)^T \sum{}^{-1}(f-\mu) \right] \tag{6.2}$$

接下来，需要确定门限值 ε，当 $p(f) < \varepsilon$ 时，将 f 标记为转向数据；否则将 f 标记为直行数据。当车辆转向时，还可根据 f_1 的正负确定车辆是左转还是右转。

6.4.3　模型评价及选择

至此，本书已经建立了车辆转向识别模型，即 $p(f) < \varepsilon$，$p(f)$ 为式（6.2）所描述的概率密度函数。在此模型中，ε 是模型的一个待定参数，它直接影响转向识别的性能。此外，还有一个隐含参数，即提取特征值时的连续 GPS 点的个数 m。在实际应用中，m 的取值范围一般为（$3 \leqslant m \leqslant 6$）。在这个范围内 m 值越大，则识别性能会越好，但识别的时间也会越长，因此具体取值可以根据实际需求确定。需要研究 m 在不同取值时的最佳识别性能，即最优的 (m, ε) 组合。本书采用 F – measure 方法[146,147] 来确定 (m, ε)，具体过程如下：

（1）采集车辆转向与直行时的 GPS 数据作为验证数据集。这些数据不需要特别准确，采集时也不需要专门的实验场地，只要在实际路面行驶时采集直行与转向数据，尤其是注意采集一些转向不是很明显的数据，如车辆在环岛上行驶时的数据。

（2）从实际路面测试中采集训练数据集，过滤车辆停止时的数据，即 GPS 方向值为 0 的数据。

（3）从数组 $[3,4,5,6]$ 中依次取一个元素赋值给 m，并为训练数据集计算特征值。

（4）计算训练集的均值和方差 (μ, Σ)，以及 $p(f)$，求出 $p(f)$ 的最大值和最小值：$(p_{\min}, p_{\max})$。

（5）设：$s = (p_{\max} - p_{\min})/100$，令：$\varepsilon = p_{\min} + k \cdot s \quad k = 0,1,2,\cdots,100$。

（6）为验证数据集计算特征值 $\hat{f}$，并根据 (μ, Σ) 计算 $p(\hat{f})$。

（7）基于车辆转向识别模型（当 $p(\hat{f}) < \varepsilon$ 时，表示车辆转向，否则为直行）计算 tp：实际数据为转向，并且我们的模型识别为转向；fp：实际数据为直行，但模型识别为转向；fn：实际数据为转向，但模型识别为直行。

（8）运用 F – measure 方法，计算：

$$\text{prec} = \frac{tp}{tp+fp}; \text{rec} = \frac{tp}{tp+fn}; F_1 = \frac{2 \cdot \text{prec} \cdot \text{rec}}{\text{prec} + \text{rec}}$$

（9）重复步骤 5，在所有的 F_1 中求最大值及其对应的 ε。

（10）重复步骤 3，即可求出所有最优的 (m, ε) 组合。

将以上算法用于训练数据集 1，得到表 6-7 所列的 m、ε 及其对应的 F_1 值。从表中不难看出，当 $m=6$ 时，F_1 取得最大值，此时模型的识别性能最佳，但此时模型需要连续采集 5s 的 GPS 数据才能判断车辆是否转向。如果觉得 5s 太长，也可以根据实际应用需求选择更小 m 值及其对应的 ε。还发现，当 m 越大时，模型的识别性能越好，这与我们的直观感受基本一致，即采集越多连续的 GPS 数据，越能更准确的判断车辆是否转向。用 $m=4$ 时的模型来分类数据集 1，将所有转向点用红色标记，可以得到图 6.17 所示的分类效果。可以看出，绝大多数转向数据被识别出来了。

表 6-7　对数据集 1 训练后得到的 m、ε 及 F_1 值

m	ε	F_1
3	0.026018	0.791339
4	0.0080161	0.9067797
5	0.0061410	0.9194915
6	0.0035463	0.9482759

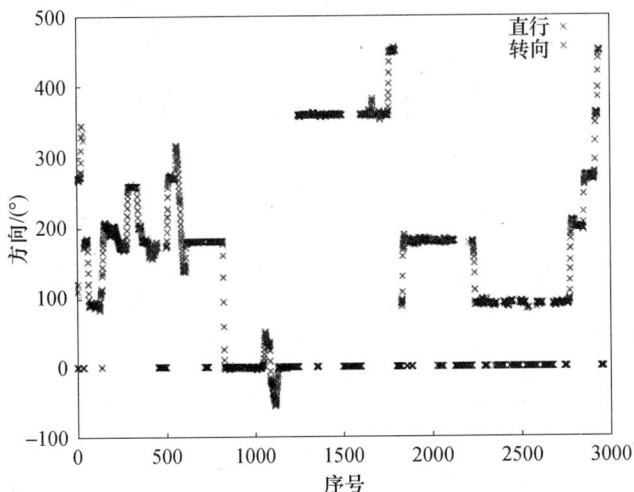

图 6.17　车辆行驶时的 GPS 方向值（转向数据已被标记）

为了检验学习算法的泛化能力，还用数据集 2 做了测试。运用同样的算法

对其进行训练,得到表 6-8 所列的 m、ε 及其对应的 F_1 值。比较表 6-7 和表 6-8,可以发现算法在数据集 2 上获得了和数据集 1 相近的 ε 和 F_1 值。

表 6-8　对数据集 2 训练后得到的 m、ε 及 F_1 值

m	ε	F_1
3	0.011961	0.792873
4	0.0075162	0.8903509
5	0.0041188	0.9203540
6	0.0032499	0.9482759

6.4.4　学习系统

6.4.4.1　设计

运用上述研究成果,设计了一个基于动态车载导航系统的车辆转向识别学习系统。该系统将学习算法运行于服务端,通过收集客户端上传的 GPS 数据,并运用学习算法对数据进行分析,计算车辆运动状态识别模型,将模型传回客户端。学习系统的车载终端与服务端交互过程如下:

(1)车载终端启动时向服务端发送请求,服务端如果已经有车辆运动状态识别模型,则直接将模型下发客户端,即 $(m,\mu,\Sigma,\varepsilon)$。有了模型,客户端即可用模型进行车辆转向识别;否则必须执行以下步骤。

(2)车载终端实时计算特征值,并上传到服务端;车载终端还需分析路口的地图匹配结果,确定车辆是否发生转向,并将此分析结果上传到服务端。

(3)在车载终端停止工作之后,服务端需确定车辆是否发生过转向,从而保证客户端采集的数据中包含转向数据。则根据不同的 m 值计算候选模型的 μ、Σ 及其对应的 ε 和 F_1 值。

(4)比较候选模型的 F_1 值与服务端之前生成的模型的 F_1 值,选择最佳模型。如果服务端之前未生成任何模型,则直接将候选模型作为最佳模型。

(5)在下次车载终端启动时,将此最佳模型再下发给车载终端,即执行步骤 1。

6.4.4.2　应用

本节的应用实例与 6.3.5.2 小节相同,因此不再赘述匹配算法,直接给出测试结果。测试结果如图 6.18 所示(纵轴为匹配点位于路口决策域内的时间)。在所有路口中,新匹配算法使得车辆停留在路口判断域的时间均有不同程度的减少,平均减少 1.97s。对于图 6.11 所示的路口,应用新匹配算法,同样可以得

到图 6.13 所示的匹配效果。

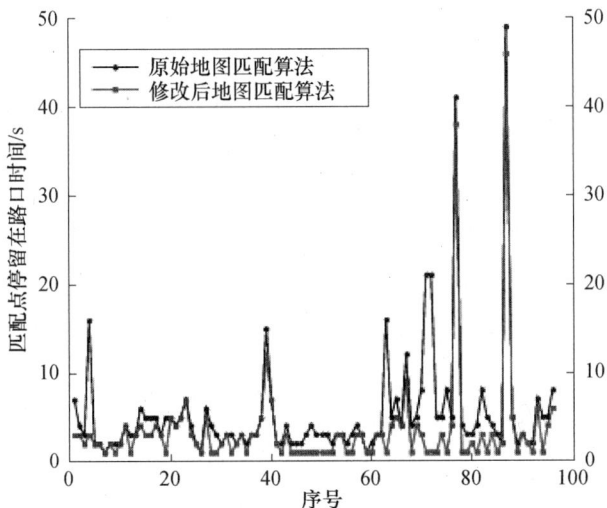

图 6.18　匹配点位于路口决策域的时间对比

（基于路口决策域模型的匹配算法与修改后的算法）

6.5　本章小结

本章设计了两个车辆转向识别模型（模型一应用了改进的 K-means 聚类算法；模型二应用了异常检测技术），它们均能有效识别车辆停止、转向和直行三种模式。本章改进了 K-means 聚类算法的初始化过程，使其后续迭代次数有效减少，同时又不降低最终模型的识别性能。通过实验发现，针对本书所使用的 GPS 模块，利用连续 3s 的方向数据即可较好识别车辆转向。除了模型本身，还将研究成果应用于动态车载导航系统，设计并实现了车辆转向识别学习系统，该系统充分利用了动态导航系统的结构特点，模型的计算由客户端和服务端共同参与并协作完成。之所以设计这样的系统，主要是考虑到多数车载终端的计算能力有限，不太适合在其上运行这样的系统，将该系统运行于服务端，能充分利用服务端强大的计算能力。此外，不同 GPS 模块的特性不同，需要不同的识别模型，应用学习系统可以为不同类型的车载终端计算适合它们的车辆转向识别模型。最后，择了路口匹配这一应用场景来检验转向识别模型在解决延迟匹配问题方面的作用。实验结果表明，修改后的匹配算法能有效缩短匹配点停止于路口的时间。

第7章 总结与展望

7.1 总 结

本书围绕动态车载导航系统的 1 个架构和 3 个核心关键技术展开论述。架构总领整个导航系统的设计与开发,3 个核心关键技术是架构中的重要组成部分。

(1) 将形式化建模语言(Event – B)应用于导航系统的架构建模,通过严格的数学定义和证明推导出正确的系统模型,由模型再导出架构设计方案。这种创新的架构设计方法能够从理论上保证架构设计的正确性,为架构设计提供了一种新的且可靠的设计方法。在系统建模过程中,还论述了一些设计模式,包括某些数据结构以及业务流程的建模方法,这些设计模式不但适用于动态车载导航系统,也为其他类型系统建模提供了有益的参考。

(2) 地图缓存系统是动态车载导航系统特有的功能模块(相比于静态车载导航系统)。本书对其进行了详细设计,包括数据结构的详细设计、算法的详细设计,并最终实现了该功能模块。通过实验对比,缓存系统达到了预期的效果,在节约网络流量,加快系统响应速度等方面均有一定作用。提出了基于路网分析的启发式缓存预取策略,该策略实际是通过路网分析对启发式预取策略的预测结果进行限制,排除了不可能实现的预测结果,在不降低缓存命中率的同时有效减少了缓存系统请求的数据量。

(3) 地图匹配可以说是任何车载导航系统都必须具备的能力(无论是动态的还是静态的车载导航系统)。重点关注地图匹配的短板——路口匹配问题,分析了该问题产生的原因,提出了路口决策域模型,并将该模型应用到基于 HMM 的地图匹配算法。实验证明路口决策域模型在提高路口附近的匹配性能方面是有效的。当然,路口决策域模型并不完美,它会产生另外一个问题——延迟匹配(尽管该问题不影响匹配准确率,但却影响用户体验),通过建立车辆转向识别模型的方法来解决该问题。

(4) 车辆转向识别学习系统是为了解决延迟匹配问题而开发的。主要应用了两种学习技术来构建转向识别模型,并对 K – means 聚类算法作了改进,实验表明改进后的算法在不降低识别性能的前提下显著加快了算法的执行速度。还通过实验验证了学习系统确能在一定程度上解决延迟匹配问题。此外,该系统是将机器学习相关技术应用于动态车载导航系统的一次尝试,并产生了有益的效果,在动态导航系统框架下实现了一种新的应用或服务。

7.2　研究展望

动态车载导航系统产业还处在快速的发展中,各种新的设备和应用不断出现,除了汽车生产企业对这方面高度重视之外,各大 IT 公司也对此加大投入,如谷歌、苹果等公司均推出了相关产品。从目前的市场发展状况来看,整个产业还处于一个百花齐放、百家争鸣的状态,没有形成统一标准,相关产品种类繁多,且互不兼容,无法实现信息共享与互操作。因此,车载导航系统产业目前还极不成熟,离实现真正意义上的智能交通还有一段距离;而且,随着移动互联网、物联网和大数据等技术的兴起与发展,必然会为导航系统注入新的元素,诞生新的研究热点。本书所研究的关键技术是动态车载导航系统的一部分,因而研究的深度和广度还能继续拓展。未来可进一步开展如下几个方面的研究工作。

基于 Event – B 的动态车载导航系统建模研究。一方面可以开展 Event – B 的基础研究,尤其是在设计模式(针对特定问题的解决方案)和相关工具的开发等方面,例如,理论上应可以实现自动的模型导出,从而缩短架构设计时间,并保证设计质量;另一方面,可以开展 Event – B 在导航系统上的应用研究,例如,Event – B 可以应用在导航系统的更多领域中,包括功能模块、网络协议及安全设计等方面。

地图缓存技术研究。从系统建模、数据结构、淘汰算法等方面还应深入研究。而且,可以研究基于 P2P 结构的缓存系统,在此结构下,整个设计方案都将发生重大改变,甚至会引入一些新的问题,如安全性问题、仿真实验问题等。

地图匹配技术研究。针对 GPS 的地图匹配研究依旧需要继续进行下去。此外,对于高程的定位研究较少,而高程信息对于复杂路网,如立交桥、高架桥等环境的地图匹配尤其重要,并且高程信息完全依赖 GPS 很难实现,因此无线定位将是高程信息的重要数据来源[162–164]。

智能信息处理技术研究。随着服务端收集了越来越多的车辆行驶数据,它将不只能分析出车辆转向,还能分析出其他有价值的信息,因而,在动态导航系统这种结构下,智能信息处理将会涉及机器学习以及大数据等技术,能产生很多应用或服务[165]。

导航技术研究。尽管目前几乎所有导航系统都具备导航功能,但该功能的性能仍不很完善,因为这项技术不单是最短路计算,还需要获取交通信息以及地图匹配、智能信息处理等技术的支撑,改进潜力巨大[166]。

参考文献

[1] H. Karimi, "Introduction to Navigation," in *Universal Navigation on Smartphones*, Springer US, 2011, pp. 1 – 16.

[2] K. Nagaki, "Evolution of In – Car Navigation Systems," in *Handbook of Intelligent Vehicles*, A. Eskandarian, Ed. Springer London, 2012, pp. 463 – 487.

[3] K. Min, K. An, I. Jang, and S. Jin, "A System Framework for Map Air Update Navigation Service," *ETRI J.* (*South Korea*), vol. 33, no. 4, pp. 476 – 86, 2011.

[4] J. Mosyagin, "Using 4G wireless technology in the car," in *Transparent Optical Networks (ICTON)*, 2010 12*th International Conference on*, 2010, pp. 1 – 4.

[5] L. Atzori, A. Iera, and G. Morabito, "The Internet of Things: A survey," *Computer Networks*, vol. 54, no. 15, pp. 2787 – 2805, 2010.

[6] F. – Y. Wang, "A Review of IEEE T – ITS: The 2013 Survey Result," *Intelligent Transportation Systems*, *IEEE Transactions on*, vol. 14, no. 2, pp. 501 – 510, Jun. 2013.

[7] B. Chen and H. H. Cheng, "A Review of the Applications of Agent Technology in Traffic and Transportation Systems," *Intelligent Transportation Systems*, *IEEE Transactions on*, vol. 11, no. 2, pp. 485 – 497, Jun. 2010.

[8] J. Zhang, F. – Y. Wang, K. Wang, W. – H. Lin, X. Xu, and C. Chen, "Data – Driven Intelligent Transportation Systems: A Survey," *Intelligent Transportation Systems*, *IEEE Transactions on*, vol. 12, no. 4, pp. 1624 – 1639, Dec. 2011.

[9] S. An, B. – H. Lee, and D. – R. Shin, "A Survey of Intelligent Transportation Systems," in *Computational Intelligence*, *Communication Systems and Networks (CICSyN)*, 2011 *Third International Conference on*, 2011, pp. 332 – 337.

[10] H. Hartenstein and K. P. Laberteaux, "A tutorial survey on vehicular ad hoc networks," *IEEE COMMUNI-CATIONS MAGAZINE*, vol. 46, no. 6, pp. 164 – 171, 2008.

[11] J. Haerri, F. Filali, and C. Bonnet, "Mobility Models for Vehicular Ad Hoc Networks: A Survey and Taxonomy," *IEEE COMMUNICATIONS SURVEYS AND TUTORIALS*, vol. 11, no. 4, pp. 19 – 41, 2009.

[12] M. S. Kakkasageri and S. S. Manvi, "Information management in vehicular ad hoc networks: A review," *Journal of Network and Computer Applications*, vol. 39, no. 0, pp. 334 – 350, 2014.

[13] T. Nakamura and T. Inobe, "Social benefit produced by provision of VICS information," in 14*th World Congress on Intelligent Transport Systems*, *ITS* 2007, Beijing, China, 2007, vol. 5, pp. 3299 – 3306.

[14] T. Nakamura and E. Keitoku, "Survey research on the social and economic benefit by vics information provision," in 15*th World Congress on Intelligent Transport Systems and ITS America Annual Meeting* 2008, New York, NY, United states, 2008, vol. 8, pp. 5829 – 5839.

[15] K. Okada, T. Miyake, and I. Kobayashi, "Road traffic information broadcasting scheme for VICS – FM multiplexing," in *Intelligent Transportation Society of America – 12th World Congress on Intelligent Transport Systems* 2005, San Francisco, CA, United states, 2009, vol. 9, pp. 5601 – 5610.

[16] "CVIS reaches its climax," *Traffic Engineering and Control*, vol. 51, no. 3, pp. 95 – 96, 2010.

[17] B. – G. Cai, C. – C. Wang, W. Shangguan, and S. – Z. Zhang, "Simulation method of information interaction in CVIS," *Jiaotong Yunshu Gongcheng Xuebao/Journal of Traffic and Transportation Engineering*, vol. 14, no. 3, pp. 111 – 119, 2014.

[18] G. Toulminet, J. Boussuge, and C. Laurgeau, "Comparative synthesis of the 3 main European projects dealing with Cooperative Systems (CVIS, SAFESPOT and COOPERS) and description of COOPERS demonstration Site 4," in *IEEE Conference on Intelligent Transportation Systems, Proceedings, ITSC*, Beijing, China, 2008, pp. 809 – 814.

[19] D. Bankosegger, "COOPERS: Driver acceptance assessment of cooperative services: Results from the field test in Austria," *Advances in Intelligent and Soft Computing*, vol. 81, pp. 39 – 47, 2010.

[20] A. P. Silvano, H. Farah, and H. N. Koutsopoulos, "Simulation – based evaluation of I2V systems' impact on traffic performance: Case study – COOPERS," in *WIT Transactions on the Built Environment*, Algarve, Portugal, 2014, vol. 138, pp. 429 – 446.

[21] M. Gerla and L. Kleinrock, "Vehicular networks and the future of the mobile internet," *COMPUTER NETWORKS*, vol. 55, no. 2, SI, pp. 457 – 469, Feb. 2011.

[22] 金茂菁, "我国智能交通系统技术发展现状及展望," 交通信息与安全, vol. 30, no. 05, pp. 1 – 5, 2012.

[23] M. Whaiduzzaman, M. Sookhak, A. Gani, and R. Buyya, "A survey on vehicular cloud computing," *Journal of Network and Computer Applications*, vol. 40, no. 0, pp. 325 – 344, 2014.

[24] J. Huang and H. – S. Tan, "A Low – Order DGPS – Based Vehicle Positioning System Under Urban Environment," *Mechatronics, IEEE/ASME Transactions on*, vol. 11, no. 5, pp. 567 – 575, Oct. 2006.

[25] S. Godha and M. E. Cannon, "GPS/MEMS INS integrated system for navigation in urban areas," *GPS Solutions*, vol. 11, no. 3, pp. 193 – 203, 2007.

[26] J. Marais, M. Berbineau, and M. Heddebaut, "Land mobile GNSS availability and multipath evaluation tool," *Vehicular Technology, IEEE Transactions on*, vol. 54, no. 5, pp. 1697 – 1704, Sep. 2005.

[27] I. Skog and P. Handel, "In – Car Positioning and Navigation Technologies—A Survey," *Intelligent Transportation Systems, IEEE Transactions on*, vol. 10, no. 1, pp. 4 – 21, Mar. 2009.

[28] D. Obradovic, H. Lenz, and M. Schupfner, "Fusion of Sensor Data in Siemens Car Navigation System," *IEEE Transactions on Vehicular Technology*, vol. 56, no. 1, pp. 43 – 50, 2007.

[29] D. Obradovic, H. Lenz, and M. Schupfner, "Fusion of Map and Sensor Data in a Modern Car Navigation System," *Journal of VLSI signal processing systems for signal, image and video technology*, vol. 45, no. 1 – 2, pp. 111 – 122, 2006.

[30] F. Gustafsson et al., "Particle filters for positioning, navigation, and tracking," *Signal Processing, IEEE Transactions on*, vol. 50, no. 2, pp. 425 – 437, Feb. 2002.

[31] M. A. Jaradat, M. F. Abdel – Hafez, K. Saadeddin, and M. A. Jarrah, "Intelligent fault detection and fusion for INS/GPS navigation system," in *Mechatronics and its Applications (ISMA), 2013 9th International Symposium on*, 2013, pp. 1 – 5.

[32] M. A. K. Jaradat and M. F. Abdel – Hafez, "Enhanced, Delay Dependent, Intelligent Fusion for INS/GPS Navigation System," *Sensors Journal, IEEE*, vol. 14, no. 5, pp. 1545 – 1554, May 2014.

[33] K. Saadeddin, M. Abdel – Hafez, M. Jaradat, and M. Jarrah, "Optimization of Intelligent Approach for Low – Cost INS/GPS Navigation System," *Journal of Intelligent & Robotic Systems*, vol. 73, no. 1 – 4, pp. 325 – 348, 2014.

[34] A. Noureldin, A. El - Shafie, and M. Bayoumi, "GPS/INS integration utilizing dynamic neural networks for vehicular navigation," *Information Fusion*, vol. 12, no. 1, pp. 48 - 57, 2011.

[35] M. A. K. Jaradat and R. Langari, "A hybrid intelligent system for fault detection and sensor fusion," *Applied Soft Computing*, vol. 9, no. 1, pp. 415 - 422, 2009.

[36] M. F. Abdel - Hafez, "The Autocovariance Least - Squares Technique for GPS Measurement Noise Estimation," *Vehicular Technology, IEEE Transactions on*, vol. 59, no. 2, pp. 574 - 588, Feb. 2010.

[37] Y. Zhao, *Vehicle Location and Navigation Systems*. Artech House, 1997.

[38] C. R. Drane and C. Rizos, *Positioning Systems in Intelligent Transportation Systems*. Artech House, 1998.

[39] M. White, "DIGITAL MAPS—A FUNDAMENTAL ELEMENT OF IVHS," *I V H S Journal*, vol. 1, no. 2, pp. 135 - 150, 1993.

[40] J. M. Rowell, "Applying Map Databases to Advanced Navigation and Driver Assistance Systems," *The Journal of Navigation*, vol. 54, no. 03, pp. 355 - 363, 2001.

[41] S. Yeşilmurat and V. işler, "Retrospective adaptive prefetching for interactive Web GIS applications," *GeoInformatica*, vol. 16, no. 3, pp. 435 - 466, 2012.

[42] S. Tu, M. Flanagin, Y. Wu, M. Abdelguerfi, E. Normand, and V. Mahadevan, "Design strategies to improve performance of GIS Web services," in *Information Technology: Coding and Computing, 2004. Proceedings. ITCC 2004. International Conference on*, 2004, vol. 2, p. 444 - 448 Vol. 2.

[43] C. de Souza Baptista, C. P. Nunes, A. G. de Sousa, E. R. da Silva, F. L. Leite, and A. C. de Paiva, "On Performance Evaluation of Web GIS Applications," in *Database and Expert Systems Applications, 2005. Proceedings. Sixteenth International Workshop on*, 2005, pp. 497 - 501.

[44] A. Walker, B. Pham, and A. Maeder, "A Bayesian Framework for Automated Dataset Retrieval in Geographic Information Systems," in *Proceedings of the 10th International Multimedia Modelling Conference*, Washington, DC, USA, 2004, p. 138 -.

[45] H. Kirchner, R. Krummenacher, D. Edwards may, and T. Risse, "A Location - aware Prefetching Mechanism," in *4th International Network Conference (INC 2004), University of Plymouth, Plymouth, ISBN 1 - 84102 - 125 - 3*, 2004, pp. 453 - 460.

[46] R. Li, R. Guo, Z. Xu, and W. Feng, "A prefetching model based on access popularity for geospatial data in a cluster - based caching system," *International Journal of Geographical Information Science*, vol. 26, no. 10, pp. 1831 - 1844, 2012.

[47] J. - R. Abrial, *Modeling in Event - B: System and Software Engineering*, 1st ed. New York, NY, USA: Cambridge University Press, 2010.

[48] P. B. Kruchten, "The 4 + 1 View Model of architecture," *Software, IEEE*, vol. 12, no. 6, pp. 42 - 50, Nov. 1995.

[49] M. Kennaley, "'The 3 + 1 Views of Architecture (in 3D)': An Amplification of the 4 + 1 Viewpoint Framework," in *Software Architecture, 2008. WICSA 2008. Seventh Working IEEE/IFIP Conference on*, 2008, pp. 299 - 302.

[50] C. Sun, "A Multi - View Architectural Model and Its Description and Construction," in *Computational Intelligence and Software Engineering (CiSE), 2010 International Conference on*, 2010, pp. 1 - 5.

[51] M. Che and D. E. Perry, "Scenario - Based Architectural Design Decisions Documentation and Evolution," in *Engineering of Computer Based Systems (ECBS), 2011 18th IEEE International Conference and Workshops on*, 2011, pp. 216 - 225.

[52] W. Ding, P. Liang, A. Tang, and H. van Vliet, "Knowledge - based approaches in software documentation: A

systematic literature review," *Information and Software Technology*, vol. 56, no. 6, pp. 545 – 567, 2014.

[53] Z. Li, P. Liang, and P. Avgeriou, "Application of knowledge – based approaches in software architecture: A systematic mapping study," *Information and Software Technology*, vol. 55, no. 5, pp. 777 – 794, 2013.

[54] E. Ovaska, A. Evesti, K. Henttonen, M. Palviainen, and P. Aho, "Knowledge based quality – driven architecture design and evaluation," *Information and Software Technology*, vol. 52, no. 6, pp. 577 – 601, 2010.

[55] H. Choi and K. Yeom, "An approach to software architecture evaluation with the 4 + 1 view model of architecture," in *Software Engineering Conference*, 2002. *Ninth Asia – Pacific*, 2002, pp. 286 – 293.

[56] E. Wandeler, L. Thiele, M. Verhoef, and P. Lieverse, "System architecture evaluation using modular performance analysis: a case study," *International Journal on Software Tools for Technology Transfer*, vol. 8, no. 6, pp. 649 – 667, 2006.

[57] C. C. Venters, D. J. Russell, L. Liu, Z. Luo, D. E. Webster, and J. Xu, "A Scenario – Based Architecture Evaluation Framework for Network Enabled Capability," in *Computer Software and Applications Conference*, 2009. *COMPSAC '09. 33rd Annual IEEE International*, 2009, vol. 2, pp. 9 – 12.

[58] M. Palviainen, A. Evesti, and E. Ovaska, "The reliability estimation, prediction and measuring of component – based software," *Journal of Systems and Software*, vol. 84, no. 6, pp. 1054 – 1070, 2011.

[59] E. H. Marinho, A. A. Mendonca, G. N. Rodrigues, V. Alves, and R. Bonifacio, "Exploring Architecture – Based Reliability Analysis of Current Multi – layered Web Applications," in *Software Components, Architectures and Reuse (SBCARS)*, 2011 *Fifth Brazilian Symposium on*, 2011, pp. 51 – 60.

[60] R. T. Fielding, "Architectural Styles and the Design of Network – based Software Architectures," University of California, Irvine, 2000.

[61] J. – R. Abrial, "B#: Toward a Synthesis between Z and B," in *ZB 2003: Formal Specification and Development in Z and B*, vol. 2651, D. Bert, J. Bowen, S. King, and M. Waldén, Eds. Springer Berlin Heidelberg, 2003, pp. 168 – 177.

[62] J. – R. Abrial, "Event Based Sequential Program Development: Application to Constructing a Pointer Program," in *FME 2003: Formal Methods*, vol. 2805, K. Araki, S. Gnesi, and D. Mandrioli, Eds. Springer Berlin Heidelberg, 2003, pp. 51 – 74.

[63] J. – R. Abrial, M. K. O. Lee, D. S. Neilson, P. N. Scharbach, and I. H. S∅rensen, "The B – method," in *VDM '91 Formal Software Development Methods*, vol. 552, S. Prehn and H. Toetenel, Eds. Springer Berlin Heidelberg, 1991, pp. 398 – 405.

[64] M. Butler, "Decomposition Structures for Event – B," in *Integrated Formal Methods*, vol. 5423, M. Leuschel and H. Wehrheim, Eds. Springer Berlin Heidelberg, 2009, pp. 20 – 38.

[65] J. – R. Abrial and S. Hallerstede, "Refinement, decomposition, and instantiation of discrete models: Application to event – B," *FUNDAMENTA INFORMATICAE*, vol. 77, no. 1 – 2, pp. 1 – 28, Apr. 2007.

[66] T. Hoang and J. – R. Abrial, "Reasoning about Liveness Properties in Event – B," in *Formal Methods and Software Engineering*, vol. 6991, S. Qin and Z. Qiu, Eds. Springer Berlin Heidelberg, 2011, pp. 456 – 471.

[67] X. – J. Wang and H. Zhang, "Modeling of TCP Protocol in Event – B," in *INFORMATION TECHNOLOGY APPLICATIONS IN INDUSTRY, PTS* 1 – 4, 2013, vol. 263 – 266, pp. 1156 – 1159.

[68] T. Hoang and J. – R. Abrial, "Event – B Decomposition for Parallel Programs," in *Abstract State Machines, Alloy, B and Z*, vol. 5977, M. Frappier, U. Glässer, S. Khurshid, R. Laleau, and S. Reeves, Eds. Springer Berlin Heidelberg, 2010, pp. 319 – 333.

［69］ A. Iliasov *et al.* , "Developing mode – rich satellite software by refinement in Event – B," *SCIENCE OF COMPUTER PROGRAMMING*, vol. 78 , no. 7 , pp. 884 – 905 , Jul. 2013.

［70］ J. – R. Abrial, M. Butler, S. Hallerstede, T. Hoang, F. Mehta, and L. Voisin, "Rodin: an open toolset for modelling and reasoning in Event – B," *International Journal on Software Tools for Technology Transfer*, vol. 12 , no. 6 , pp. 447 – 466 ,2010.

［71］ 王世尧, "针对中心导航系统的攻击软件设计与实现," 吉林大学,2016.

［72］ E. Sahafizadeh and S. Parsa, "Survey on access control models," in *Future Computer and Communication (ICFCC)* ,2010 2nd *International Conference on* ,2010 , vol. 1 , pp. V1 – 1 – V1 – 3.

［73］ F. – H. Li, M. Su, G. – Z. Shi, and J. – F. Ma, "Research status and development trends of access control model," *Tien Tzu Hsueh Pao/Acta Electronica Sinica* , vol. 40 , no. 4 , pp. 805 – 813 ,2012.

［74］ R. S. Sandhu, E. J. Coyne, H. L. Feinstein, and C. E. Youman, "Role – based access control models," *Computer*, vol. 29 , no. 2 , pp. 38 – 47 , Feb. 1996.

［75］ R. Sandhu, V. Bhamidipati, and Q. Munawer, "The ARBAC97 Model for Role – based Administration of Roles," *ACM Trans. Inf. Syst. Secur.* , vol. 2 , no. 1 , pp. 105 – 135 , Feb. 1999.

［76］ R. Sandhu and Q. Munawer, "The ARBAC99 model for administration of roles," in *Computer Security Applications Conference* ,1999. *(ACSAC '99) Proceedings. 15th Annual* ,1999 , pp. 229 – 238.

［77］ S. Oh, R. Sandhu, and X. Zhang, "An Effective Role Administration Model Using Organization Structure," *ACM Trans. Inf. Syst. Secur.* , vol. 9 , no. 2 , pp. 113 – 137 , May 2006.

［78］ D. R. Kuhn, E. J. Coyne, and T. R. Weil, "Adding Attributes to Role – Based Access Control," *Computer*, vol. 43 , no. 6 , pp. 79 – 81 , Jun. 2010.

［79］ S. H. Ghotbi and B. Fischer, "Fine – Grained Role – and Attribute – Based Access Control for Web Applications," in *Communications in Computer and Information Science* ,Rome, Italy ,2013 , vol. 411 CCIS, pp. 171 – 187.

［80］ X. Jin, R. Krishnan, and R. Sandhu, "A Unified Attribute – Based Access Control Model Covering DAC, MAC and RBAC," in *Data and Applications Security and Privacy XXVI*, vol. 7371 , N. Cuppens – Boulahia, F. Cuppens, and J. Garcia – Alfaro, Eds. Springer Berlin Heidelberg ,2012 , pp. 41 – 55.

［81］ X. Jin, R. Sandhu, and R. Krishnan, "RABAC: Role – Centric Attribute – Based Access Control," in *Computer Network Security*, vol. 7531 , I. Kotenko and V. Skormin, Eds. Springer Berlin Heidelberg ,2012 , pp. 84 – 96.

［82］ Q. Rajpoot, C. Jensen, and R. Krishnan, "Attributes Enhanced Role – Based Access Control Model," in *Trust, Privacy and Security in Digital Business*, vol. 9264 , S. Fischer – Hübner, C. Lambrinoudakis, and J. López, Eds. Springer International Publishing ,2015 , pp. 3 – 17.

［83］ Q. Rajpoot, C. Jensen, and R. Krishnan, "Integrating Attributes into Role – Based Access Control," in *Data and Applications Security and Privacy XXIX*, vol. 9149 , P. Samarati, Ed. Springer International Publishing, 2015 , pp. 242 – 249.

［84］ J. Huang, D. M. Nicol, R. Bobba, and J. H. Huh, "A Framework Integrating Attribute – based Policies into Role – based Access Control," in *Proceedings of the 17th ACM Symposium on Access Control Models and Technologies*, New York, NY, USA ,2012 , pp. 187 – 196.

［85］ J. Crampton and C. Morisset, "Monotonicity and completeness in attribute – based access control," *Lecture Notes in Computer Science (including subseries Lecture Notes in Artificial Intelligence and Lecture Notes in Bioinformatics)* , vol. 8743 , pp. 33 – 48 ,2014.

［86］ W. C. Garrison III, A. J. Lee, and T. L. Hinrichs, "An actor – based, application – aware access control evaluation framework," in *Proceedings of ACM Symposium on Access Control Models and Technologies*, SACMAT, London, ON, Canada, 2014, pp. 199 – 210.

[87] W. C. Garrison and A. J. Lee, "Decomposing, Comparing, and Synthesizing Access Control Expressiveness Simulations," in *Proceedings of the Computer Security Foundations Workshop*, Verona, Italy, 2015, vol. 2015 – September, pp. 18 – 32.

[88] A. Armando, R. Carbone, E. G. Chekole, and S. Ranise, "Attribute Based Access Control for APIs in Spring Security," in *Proceedings of the 19th ACM Symposium on Access Control Models and Technologies*, New York, NY, USA, 2014, pp. 85 – 88.

[89] K. Borders, X. Zhao, and A. Prakash, "CPOL: High – performance Policy Evaluation," in *Proceedings of the 12th ACM Conference on Computer and Communications Security*, New York, NY, USA, 2005, pp. 147 – 157.

[90] Q. Wei, J. Crampton, K. Beznosov, and M. Ripeanu, "Authorization Recycling in RBAC Systems," in *Proceedings of the 13th ACM Symposium on Access Control Models and Technologies*, New York, NY, USA, 2008, pp. 63 – 72.

[91] Q. Wei, J. Crampton, K. Beznosov, and M. Ripeanu, "Authorization Recycling in Hierarchical RBAC Systems," *ACM Trans. Inf. Syst. Secur.*, vol. 14, no. 1, p. 3:1 – 3:29, Jun. 2011.

[92] M. V. Tripunitara and B. Carbunar, "Efficient Access Enforcement in Distributed Role – based Access Control (RBAC) Deployments," in *Proceedings of the 14th ACM Symposium on Access Control Models and Technologies*, New York, NY, USA, 2009, pp. 155 – 164.

[93] M. Komlenovic, M. Tripunitara, and T. Zitouni, "An Empirical Assessment of Approaches to Distributed Enforcement in Role – based Access Control (RBAC)," in *Proceedings of the First ACM Conference on Data and Application Security and Privacy*, New York, NY, USA, 2011, pp. 121 – 132.

[94] G. Bloom and R. Simha, "Hardware – enhanced Distributed Access Enforcement for Role – based Access Control," in *Proceedings of the 19th ACM Symposium on Access Control Models and Technologies*, New York, NY, USA, 2014, pp. 5 – 16.

[95] 姜会林, 等, 天地一体化信息网络的几个关键问题思考. 兵工学报, S1, 96 – 100, 2014.

[96] 李凤华, 殷丽华, 吴巍, 张林杰, 史国振. 天地一体化信息网络安全保障技术研究进展及发展趋势. 通信学报, 11, 156 – 168, 2016.

[97] 黄惠明, 常呈武. 天地一体化天基骨干网络体系架构研究. 中国电子科学研究院学报, 05, 460 – 467 + 491, 2015.

[98] 于海洋, 杨华民, 姜会林, 从立钢, 祁晖. 一种全球覆盖的多层星座链路分析. 长春理工大学学报(自然科学版), 03, 56 – 59, 2014.

[99] W. Hong, Y. Tian, and Y. Xu, "The Research of Dynamic Path Planning for Centralized Vehicle Navigation," in *Automation and Logistics, 2007 IEEE International Conference on*, 2007, pp. 1198 – 1202.

[100] Y. Chen, M. G. H. Bell, and K. Bogenberger, "Reliable Pretrip Multipath Planning and Dynamic Adaptation for a Centralized Road Navigation System," *Intelligent Transportation Systems, IEEE Transactions on*, vol. 8, no. 1, pp. 14 – 20, 2007.

[101] D. Hong, Y. Zhaosheng, and B. Lixia, "Multi – vehicle route optimization, in central dynamic navigation system," in *2005 IEEE International Conference on Vehicular Electronics and Safety Proceedings*, Xi'an, Shaan'xi, China, 2005, vol. 2005, pp. 272 – 275.

[102] Y. Khaled, I. Ben Jemaa, M. Tsukada, and T. Ernst, "Application of IPv6 multicast to VANET," in *Intelligent*

Transport Systems Telecommunications, (ITST), 2009 9th International Conference on, 2009, pp. 198 – 202.

[103] Y. Liu, X. Zhang, and H. Sun, "The P2P Wireless Network Applied in Real – Time Vehicle Navigation," in *Multimedia and Ubiquitous Engineering*, 2009. MUE '09. Third International Conference on, 2009, pp. 439 – 444.

[104] D. A. Patterson, "Latency lags bandwith," *Commun. ACM*, vol. 47, no. 10, pp. 71 – 75, 2004.

[105] H. Roh, W. – C. Kim, S. Kim, and S. Park, "A B – Tree index extension to enhance response time and the life cycle of flash memory," *Information Sciences*, vol. 179, no. 18, pp. 3136 – 3161, 2009.

[106] R. E. Bryant and D. R. O'Hallaron, *Computer Systems: A Programmer's Perspective*, 2nd ed. USA: Addison – Wesley Publishing Company, 2010.

[107] Y. Hao, L. Yang, G. Liu, and S. Li, "Intelligent prefetch in WWW based on forecast," in 2009 *ETP/IITA World Congress in Applied Computing, Computer Science, and Computer Engineering*, ACC 2009, Sanya, China, 2009, pp. 9 – 12.

[108] Z. Wang, C. Guo, and P. Yan, "Link – based Markov model prefetching algorithm on Web cache," in *DCABES* 2004, *Proceedings, Vols 1 and 2*, 2004, pp. 530 – 534.

[109] H. Zhao and B. Shneiderman, "Colour - coded pixel - based highly interactive Web mapping for georeferenced data exploration," *International Journal of Geographical Information Science*, vol. 19, no. 4, pp. 413 – 428, 2005.

[110] D. – J. Park and H. – J. Kim, "Prefetch Policies for Large Objects in a Web – enabled GIS Application," *Data Knowl. Eng.*, vol. 37, no. 1, pp. 65 – 84, Apr. 2001.

[111] D. Lee, J. Kim, S. Kim, K. Kim, K. Yoo – Sung, and J. Park, "Adaptation of a Neighbor Selection Markov Chain for Prefetching Tiled Web GIS Data," in *Advances in Information Systems*, vol. 2457, T. Yakhno, Ed. Springer Berlin Heidelberg, 2002, pp. 213 – 222.

[112] S. Quinn and M. Gahegan, "A Predictive Model for Frequently Viewed Tiles in a Web Map," *Transactions in GIS*, vol. 14, no. 2, pp. 193 – 216, 2010.

[113] R. García Martín, J. P. de Castro Fernández, E. Verdú Pérez, M. J. Verdú Pérez, and L. M. Regueras Santos, "An OLS regression model for context – aware tile prefetching in a web map cache," *International Journal of Geographical Information Science*, vol. 27, no. 3, pp. 614 – 632, 2013.

[114] R. García, E. Verdú, L. M. Regueras, J. P. de Castro, and M. J. Verdú, "A neural network based intelligent system for tile prefetching in web map services," *Expert Systems with Applications*, vol. 40, no. 10, pp. 4096 – 4105, 2013.

[115] R. García, J. de Castro, M. Verdú, E. Verdú, L. Regueras, and P. López, "An Adaptive Neural Network – Based Method for Tile Replacement in a Web Map Cache," in *Computational Science and Its Applications – ICCSA* 2011, vol. 6782, B. Murgante, O. Gervasi, A. Iglesias, D. Taniar, and B. Apduhan, Eds. Springer Berlin Heidelberg, 2011, pp. 76 – 91.

[116] S. Syed and M. E. Cannon, "Fuzzy logic based – map matching algorithm for vehicle navigation system in Urban Canyons," in *Proceedings of the National Technical Meeting, Institute of Navigation*, San Diego, CA, United states, 2004, vol. 2004, pp. 982 – 993.

[117] F. Abdallah, G. Nassreddine, and T. Denoeux, "A Multiple – Hypothesis Map – Matching Method Suitable for Weighted and Box – Shaped State Estimation for Localization," *Intelligent Transportation Systems, IEEE Transactions on*, vol. 12, no. 4, pp. 1495 – 1510, 2011.

136

[118] C. Y. Goh, J. Dauwels, N. Mitrovic, M. T. Asif, A. Oran, and P. Jaillet, "Online map – matching based on Hidden Markov model for real – time traffic sensing applications," in *Intelligent Transportation Systems* (*ITSC*), 2012 15*th International IEEE Conference on*, 2012, pp. 776 – 781.

[119] Z. – C. He, S. Xi – Wei, L. – J. Zhuang, and P. – L. Nie, "On – line map – matching framework for floating car data with low sampling rate in urban road networks," *IET Intelligent Transport Systems*, vol. 7, no. 4, pp. 404 – 414, 2013.

[120] S. taghipour, M. R. Meybodi, and A. Taghipour, "An Algorithm for Map Matching For Car Navigation System," in 2008 3*rd International Conference on Information and Communication Technologies*: *From Theory to Applications*, ICTTA, Damascus, Syria, 2008, pp. 1 – 5.

[121] M. A. Quddus, W. Y. Ochieng, and R. B. Noland, "Current map – matching algorithms for transport applications: State – of – the art and future research directions," *Transportation Research Part C*: *Emerging Technologies*, vol. 15, no. 5, pp. 312 – 328, 2007.

[122] J. S. Greenfeld, "Matching GPS Observations to Locations on a Digital Map .," *Environmental Engineering*, vol. 1, no. 3, pp. 164 – 173, 2002.

[123] C. E. White, D. Bernstein, and A. L. Kornhauser, "Some map matching algorithms for personal navigation assistants," *Transportation Research Part C*: *Emerging Technologies*, vol. 8, no. 1 – 6, pp. 91 – 108, 2000.

[124] S. Brakatsoulas, D. Pfoser, R. Salas, and C. Wenk, "On map – matching vehicle tracking data," in *VLDB* 2005 – *Proceedings of 31st International Conference on Very Large Data Bases*, Trondheim, Norway, 2005, pp. 853 – 864.

[125] J. – S. Pyo, D. – H. Shin, and T. – K. Sung, "Development of a map matching method using the multiple hypothesis technique," in *IEEE Conference on Intelligent Transportation Systems, Proceedings*, ITSC, Oakland, CA, United states, 2001, pp. 23 – 27.

[126] K. W. A. F. Marchal, J. Hackney, "Efficient Map Matching of Large Global Positioning System Data Sets: Tests on Speed – Monitoring Experiment in Zürich," *Transportation Research Record*: *Journal of the Transportation Research Board*, vol. 1935, pp. 93 – 100, 2005.

[127] P. Newson and J. Krumm, "Hidden Markov map matching through noise and sparseness," in *Proceedings of the 17th ACM SIGSPATIAL International Conference on Advances in Geographic Information Systems*, Seattle, Washington, 2009, pp. 336 – 343.

[128] R. Raymond, T. Morimura, T. Osogami, and N. Hirosue, "Map matching with Hidden Markov Model on sampled road network," in *Proceedings – International Conference on Pattern Recognition*, Tsukuba, Japan, 2012, pp. 2242 – 2245.

[129] J. Nie, H. Su, and X. Zhou, "Research on Map Matching Based on Hidden Markov Model," in *Advanced Data Mining and Applications*, vol. 8346, H. Motoda, Z. Wu, L. Cao, O. Zaiane, M. Yao, and W. Wang, Eds. Springer Berlin Heidelberg, 2013, pp. 277 – 287.

[130] P. Szwed and K. Pekala, "An Incremental Map – Matching Algorithm Based on Hidden Markov Model," in *Artificial Intelligence and Soft Computing*, vol. 8468, L. Rutkowski, M. Korytkowski, R. Scherer, R. Tadeusiewicz, L. Zadeh, and J. Zurada, Eds. Springer International Publishing, 2014, pp. 579 – 590.

[131] P. Szwed and K. Pekala, "Map – Matching in a Real – Time Traffic Monitoring Service," in *Communications in Computer and Information Science*, 2014, vol. 424, pp. 425 – 434.

[132] R. Šrámek, B. Brejová, and T. Vinar, "On – Line Viterbi Algorithm for Analysis of Long Biological Se-

quences," in *Algorithms in Bioinformatics*, vol. 4645, R. Giancarlo and S. Hannenhalli, Eds. Springer Berlin Heidelberg, 2007, pp. 240 – 251.

[133] J. Bloit and X. Rodet, "Short – time Viterbi for online HMM decoding: Evaluation on a real – time phone recognition task," in *Acoustics, Speech and Signal Processing*, 2008. ICASSP 2008. IEEE International Conference on, 2008, pp. 2121 – 2124.

[134] L. Hongchao, W. Heng, X. Hao, and B. Yuanlu, "Simultaneous correction of GPS error and Map error for improved Map – matching: Algorithm and application," in *Proceedings of SPIE – The International Society for Optical Engineering*, Guangzhou, China, 2008, vol. 7145, pp. 43 – 50.

[135] "Lane – Wikipedia, the free encyclopedia." [Online]. Available: http://en. wikipedia. org/wiki/Lane. [Accessed: 14 – Mar – 2015].

[136] "Lane Width." [Online]. Available: http://safety. fhwa. dot. gov/geometric/pubs/mitigationstrategies/chapter3/3_lanewidth. htm. [Accessed: 14 – Mar – 2015].

[137] "公路工程技术标准." [Online]. Available: http://www. moc. gov. cn/zhuzhan/biaozhunguifan/gonglugongcheng_BZGF/200710/P020071024762029840303. pdf.

[138] W. Y. Ochieng, M. A. Quddus, and R. B. Noland, "Map – matching in complex urban road networks," *Brazilian Journal of Cartography*, vol. 55, no. 2, pp. 1 – 18, 2004.

[139] K. Jo, K. Chu, and M. Sunwoo, "Interacting Multiple Model Filter – Based Sensor Fusion of GPS With In – Vehicle Sensors for Real – Time Vehicle Positioning," *Ieee Transactions On Intelligent Transportation Systems*, vol. 13, no. 1, pp. 329 – 343, 2012.

[140] N. M. Drawil, H. M. Amar, and O. A. Basir, "GPS Localization Accuracy Classification: A Context – Based Approach," *Intelligent Transportation Systems, IEEE Transactions on*, vol. 14, no. 1, pp. 262 – 273, 2013.

[141] I. Markovsky and S. V. Huffel, "Overview of total least – squares methods," *Signal Processing*, vol. 87, no. 10, pp. 2283 – 2302, 2007.

[142] V. Chandola, A. Banerjee, and V. Kumar, "Anomaly Detection: A Survey," *ACM Comput. Surv.*, vol. 41, no. 3, p. 15:1 – 15:58, 2009.

[143] R. Xu and I. Wunsch, D., "Survey of clustering algorithms," *Neural Networks, IEEE Transactions on*, vol. 16, no. 3, pp. 645 – 678, 2005.

[144] S. B. Kotsiantis, "Supervised Machine Learning: A Review of Classification Techniques," in *Proceedings of the 2007 Conference on Emerging Artificial Intelligence Applications in Computer Engineering: Real Word AI Systems with Applications in eHealth, HCI, Information Retrieval and Pervasive Technologies*, Amsterdam, The Netherlands, The Netherlands, 2007, pp. 3 – 24.

[145] C. – C. Chang and C. – J. Lin, "LIBSVM: A library for support vector machines," *ACM Transactions on Intelligent Systems and Technology*, vol. 2, no. 3, p. 27:1 – 27:27, 2011.

[146] K. Dembczyński, W. Waegeman, W. Cheng, and E. Hü llermeier, "An exact algorithm for F – measure maximization," in *Advances in Neural Information Processing Systems*, Granada, Spain, 2011, vol. 24, pp. 1404 – 1412.

[147] Y. Nan, K. M. Chai, W. S. Lee, and H. L. Chieu, "Optimizing F – measure: A Tale of Two Approaches," in *Proceedings of the 29th International Conference on Machine Learning (ICML – 12)*, New York, NY, USA, 2012, pp. 289 – 296.

[148] D. Aloise, A. Deshpande, P. Hansen, and P. Popat, "NP – hardness of Euclidean sum – of – squares clustering," *Machine Learning*, vol. 75, no. 2, pp. 245 – 248, 2009.

［149］ M. Mahajan, P. Nimbhorkar, and K. Varadarajan, "The planar – means problem is NP – hard," *Theoretical Computer Science*, vol. 442, no. 0, pp. 13 – 21, 2012.

［150］ M. E. Celebi, H. A. Kingravi, and P. A. Vela, "A comparative study of efficient initialization methods for the k – means clustering algorithm," *Expert Systems with Applications*, vol. 40, no. 1, pp. 200 – 210, 2013.

［151］ M. E. Celebi, "Improving the Performance of K – means for Color Quantization," *Image Vision Comput.* , vol. 29, no. 4, pp. 260 – 271, Mar. 2011.

［152］ M. B. Al – Daoud, "A New Algorithm for Cluster Initialization," *International Journal of Computer, Control, Quantum and Information Engineering*, vol. 1, no. 4, pp. 1016 – 1018, 2007.

［153］ S. J. Redmond and C. Heneghan, "A method for initialising the K – means clustering algorithm using kd – trees," *Pattern Recognition Letters*, vol. 28, no. 8, pp. 965 – 973, 2007.

［154］ M. A. Hasan, V. Chaoji, S. Salem, and M. J. Zaki, "Robust Partitional Clustering by Outlier and Density Insensitive Seeding," *Pattern Recogn. Lett.* , vol. 30, no. 11, pp. 994 – 1002, Aug. 2009.

［155］ K. A. A. Nazeer and M. P. Sebastian, "Improving the accuracy and efficiency of the k – means clustering algorithm," in *World Congress on Engineering, WCE* 2009, Hong Kong, China, 2009, vol. vol. 1, pp. 308 – 12.

［156］ M. Yedla, S. R. Pathakota, and T. M. Srinivasa, "Enhancing K – means Clustering Algorithm with Improved Initial Centre," *International Journal of Computer Science and Information Technologies*, vol. 1, no. 2, pp. 121 – 125, 2010.

［157］ M. Goyal and S. Kumar, "Improving the Initial Centroids of k – means Clustering Algorithm to Generalize its Applicability," *Journal of The Institution of Engineers (India): Series B*, vol. 95, no. 4, pp. 345 – 350, 2014.

［158］ Hui Qi, Yanheng Liu, and Da Wei, "Map – matching Algorithm Based on Junction Judgment Domain Model," *Journal of Information and Computational Science*, vol. 11, no. 1, pp. 67 – 78, 2014.

［159］ C. Wang, K. Viswanathan, L. Choudur, V. Talwar, W. Satterfield, and K. Schwan, "Statistical techniques for online anomaly detection in data centers," in *Integrated Network Management (IM)*, 2011 *IFIP/IEEE International Symposium on*, 2011, pp. 385 – 392.

［160］ H. Kai, Q. Zhengwei, and L. Bo, "Network Anomaly Detection Based on Statistical Approach and Time Series Analysis," in *Advanced Information Networking and Applications Workshops*, 2009. *WAINA '09. International Conference on*, 2009, pp. 205 – 211.

［161］ A. Gelman, "Exploratory Data Analysis for Complex Models," *Journal of Computational and Graphical Statistics*, vol. 13, no. 4, pp. 755 – 779, 2004.

［162］ S. Gezici, "A Survey on Wireless Position Estimation," *Wireless Personal Communications*, vol. 44, no. 3, pp. 263 – 282, 2008.

［163］ N. Alam and A. G. Dempster, "Cooperative Positioning for Vehicular Networks: Facts and Future," *Intelligent Transportation Systems, IEEE Transactions on*, vol. 14, no. 4, pp. 1708 – 1717, Dec. 2013.

［164］ N. Alam, A. Tabatabaei Balaei, and A. G. Dempster, "Relative Positioning Enhancement in VANETs: A Tight Integration Approach," *Intelligent Transportation Systems, IEEE Transactions on*, vol. 14, no. 1, pp. 47 – 55, Mar. 2013.

［165］ J. Biagioni and J. Eriksson, "Inferring road maps from global positioning system traces," *Transportation Research Record*, no. 2291, pp. 61 – 71, 2012.

［166］ F. Girardin and J. Blat, "The co – evolution of taxi drivers and their in – car navigation systems," *Pervasive and Mobile Computing*, vol. 6, no. 4, pp. 424 – 434, 2010.